악은
어떻게 탄생하는가

악은 어떻게 탄생하는가

펴낸날 2024년 1월 30일 1판 1쇄

지은이 야오야오

옮긴이 권소현

펴낸이 김영선

편집주간 이교숙

책임교정 나지원

교정교열 정아영, 이라야, 남은영

경영지원 최은정

디자인 바이텍스트

마케팅 조명구

발행처 ㈜다빈치하우스-미디어숲

출판브랜드 더페이지

주소 경기도 고양시 덕양구 청초로 66 덕은리버워크지산 B동 2007호~2009호

전화 (02) 323-7234

팩스 (02) 323-0253

홈페이지 www.mfbook.co.kr

출판등록번호 제 2-2767호

값 17,800원

ISBN 979-11-5874-211-9 (03180)

> ㈜다빈치하우스와 함께 새로운 문화를 선도할 참신한 원고를 기다립니다.
> 이메일 dhhard@naver.com (원고 투고)

악은
어떻게 탄생하는가

괴물의 마음을 들여다보는 히드코오 심리학

야오야오 지음 | 권소현 옮김

더페이지

차례

제3장 당신은 왜 범죄를 저지르지 않았는가

제4장 악마의 작품을 프로파일링하다

심연이
나를 응시할 때

HOW IS EVIL BORN

서문

마음이 아플 때
찾아가는 곳

　우리는 몸이 아플 때 병원을 찾는다. 그럼 '마음'이 아플 땐 어떻게 해야 할까? 심리상담사를 찾아가야 한다. 이것은 당연한 이야기다. 그런데도 많은 사람이 심리상담사를 찾아가는 것을 꺼린다. 심지어 '심리상담사'라고 하면 신비감을 느끼거나 낯설어하고 여러 가지를 궁금해한다.

- 심리상담사는 '마음의 병'을 어떻게 치료할까?
- 심리상담사는 일반 의사와 무엇이 다를까?
- 심리상담사라면 사람의 마음을 꿰뚫어 볼까?
- 심리 치료는 위험할까?

　이 책은 이러한 궁금증을 해소해 줄 것이다. 그 전에 질문 하나를 하겠다. 심리 치료 방법 중 최고는 무엇일까? 심리상담사를 찾아가는 것도 중요하지만 그보다는 '자가 치료'가 최고다. 하지만 몸이 아플 때 스스로 치료하라는 말은 거의 듣지 못했을 것이다. 병이 위독한 사람에게 "참아 보세요, 조금만 지나면 저절로 좋아집니다."라며 아무것도 하지 말고 버티라고 하지는 않는다. 이런 말을 들으면 병세가 더 심각해질까 봐 두려워한다.

그런데 심리상담사는 어떻게 그런 말을 할 수 있을까? 사람은 '자기 실현Self-realization'이라는 본능을 지니고 태어나기 때문이다. '자기 실현'은 성장을 향한 욕망으로, 개체가 더 높고 더 강한 방향으로 발전하도록 유도한다. 바꾸어 말하면, 어떤 일들은 힘을 더 가하지 않아도 '자기 실현'이라는 본능이 발동하여 자연스럽게 완성되기도 한다.

그럼 심리상담사가 왜 필요할까?

심리상담사는 '자기 실현'으로 향하는 길에 놓인 장애물을 없애주는 역할을 한다. 그 장애물을 없애면 사람은 작은 묘목이 커다란 나무로 자라듯 자연스레 성숙한 개체로 성장한다. 다음의 사례를 살펴보자.

남편과 사별하여 마음이 죽을 만큼 아픈 젊은 여성이 있다. 그녀는 앞으로 누구도 사랑할 수 없다고 생각하는 '애정 불능증'에 빠졌다. 심리상담사는 그녀의 사랑을 방해하는 것은 사별한 남편에 대한 '충정'이 아니라 사랑에 대한 잘못된 관점 때문이라는 사실을 발견했다. 이 여성은 다른 사람을 사랑하는 것은 사별한 남편에 대한 사랑이 희석되고 순수함이 떨어진다는 의미이며 심지어 남편을 배신하는 것이라고 생각했다.

심리상담사가 이 여성과 함께 몇 달간의 노력을 통해 장애물을 없애자 그녀의 자기 실현 본능이 작동하기 시작했다. 결국 또 다른 남성을 만나 사랑에 빠졌고 이내 결혼에 이르렀다.

심리상담사는 이 과정에서 그녀에게 사랑을 어디서 찾고, 어떻게 주고, 어떻게 상대를 아껴 줘야 하는지를 알려 주지 않았다. 그녀도 스스로 할 수 있는 일이기 때문이다.

그렇다면 심리상담사는 내담자의 자기 성장을 위해서 어떻게 장애물을 제거할까? 무엇보다 다음 두 가지를 잘 해결해야 한다.

심리 치료의 첫 관문 1. 전이

심리 치료의 첫 관문 중 하나인 '전이Transference'를 원만히 해결하는 것은 심리상담사들에게 하나의 도전이자 기술이 필요한 문제다. 먼저 전이에 대해 알아보자. 감정 전이라고도 불리는 전이란

악은 어떻게 탄생하는가

말 그대로 한 사람의 감정이 다른 사람에게 영향을 미치는 현상을 말한다.

우리가 사리 분별을 할 무렵 사건이나 사람을 인지할 때 하얀 도화지와 같은 '무無'의 상태에서 시작하지는 않는다. 개인적으로 겪어왔던 경험과 기억 등이 새로운 사물을 인식하는 기반으로 '코딩' 되어 이미지를 형성한다.

예를 들어, 물건을 살 때를 한번 떠올려 보자. 판매원과의 내화에서 오랜 시간 알고 지낸 친구를 만난 듯 편안한 판매원이 있는가 하면, 어떤 판매원은 융통성 없이 답답한 느낌을 준다.

어디서 이런 차이가 발생할까? 판매원의 판매 기법과 태도 같은 요소를 배제하면 그 사람의 이미지를 좌우하는 것은 첫인상이고 바로 이 첫인상이 주는 호감 때문이다. 왜 그 사람이 마음에 들고 대화가 재미있을까? 곰곰이 생각해 보면 어쩌면 그가 내 친구, 동료, 친척을 닮았거나 과거 비슷한 사람 덕분에 유쾌했던 기억 덕분일 수도 있다. 또는 상대방이 왠지 모르게 친절하고 따뜻한 사람이라고 느껴졌을 수도 있다(잠재의식은 그 이유를 안다).

이렇듯 과거 타인에 대한 기억, 생각, 감정, 충동을 또 다른 사람에게 이전하는 것이 바로 '전이'다.

전이는 심리상담사들이 가장 중요하게 생각하는 치료 수단이다. 심리상담사는 심리 치료 과정에서 내담자의 전이를 격려하고, 심지어 전이가 일어나지 않았을 때 일부러 '덫'을 놓아 전이를 유도한다. 그 이유는 단순하다. 내담자가 과거의 타인과 일에 대한 감정을 심리상담사에게 '옮겨야' 그들이 과거에 어떤 일을 겪었는지, 타인과의 관계는 어땠는지를 충분히 이해하고 내담자의 문제를 파악할 수 있기 때문이다.

마음의 병은 잠재의식에 문제가 생겼기 때문이고, 전이는 잠재의식의 문제를 '수면' 위로 올려놓는다. 전이가 발생했을 때 심리상담사는 거울이 되어 내담자의 문제를 비춘다. 내담자도 프로젝터처럼 과거의 여러 가지 경험을 치료사라는 '스크린'에 투사한다.

사례를 통해 전이를 좀 더 구체적으로 알아보자.

25세 남성 B는 학업을 마치고 사회생활을 시작할 무렵 우울감과 불안을 느꼈고 공황발작(Panic attacks, 알 수 없는 이유로 온몸에 땀이 나고 전신이 부르르 떨리며 심장이 크게 뛰는 증상)이 나타나기 시작했다. 심리 치료를 6개월 정도 진행했을 때, B는 여성과 성관계를 맺는 꿈을 여러 번 꿨다. 하지만 그 여성들에게 매력을 느끼지는 못했다.

그 후 B는 심리 치료를 하는 날이면 자신을 한껏 꾸몄고 여성 심리상담사에게 자신이 매력적이며, 많은 여성이 자신과 잠자리를 갖고 싶어 할 정도로 인기가 많다고 연신 자랑했다. 한편 B가 자신에게 약간의 호감을 느끼고 있다고 생각한 심리상담사도 B가 하는 행동의 원인을 분석하기 시작했다. 그녀의 예상대로 B는 그녀에게 호감을 표현했고, 그녀와 성관계하는 장면까지 상상했다. 하지만 여성 심리상담사가 바로 거절하자 B는 분노와 우울감을 느꼈다.

치료가 진행되는 동안 B는 자신이 어린 시절, 아버지가 사라져 어머니를 독차지하길 바랐고, 이제는 어머니에 대한 사랑을 심리상담사에게 전이했다는 사실을 깨달았다.

B가 치료를 받은 이유는 이제 막 시작한 사회생활에 두려움을 느껴서였다. 그의 두려움은 사실 어른의 세상에 들어가 성인 여성을 두고 성인 남성과 경쟁하고 싶지 않은 마음으로 이해할 수 있다. 그의 잠재의식에서 성인 여성은 그의 어머니를 대변했다. B는 어린 시절에 느꼈던 어머니에 대한 갈망이 극도의 심리적 불안을 야기했고, 그것이 바로 병의 원인임을 깨닫기 시작했다.

이렇듯 전이란 내담자의 잠재의식에 깊이 묻혀 있던 충동을 의식Consciousness 영역으로 가져온 후 그것을 인식하고 이해하며 통제하는 과정이다. '충동'이 어두컴컴한 잠재의식에서 발굴되어 환한 대낮과 같은 의식 아래 노출되면 그 위력이 사라진다. 빛을 보면 힘을 잃는다는 말이다.

이것이 바로 심리상담사가 전이를 유도하는 이유다. 전이에 대해 이야기했으면 '역전이Countertransference'를 말하지 않을 수 없다.

역전이는 심리 치료 중 나타나는 위험한 상황으로 심리상담사는 전이의 발생을 유도하는 것과 달리 역전이는 최대한 피하려 한다.

역전이란 심리상담사가 자신의 감정, 생각 등을 내담자에게 투사하는 것이다. 심리상담사의 역전이는 전이와 마찬가지로 잠재의식의 충동에서 비롯된다. 심리상담사도 감정이 있는 사람이기에 언제나 로봇처럼 냉철함을 유지할 수는 없다. 하지만 이러한 충동은 심리상담사의 충동이지 내담자의 충동이 아니다. 시간과 돈을 들여 상담을 받는 내담자가 자신의 회복을 기대하기는커녕 심리상담사의 '병'까지 참아야 할까? 게다가 역전이는 치료에도 심각한 영향을 미친다. 사례를 통해 더 자세히 살펴보자.

심리상담센터에서 실습 중인 경험이 많지 않은 심리상담사가 자살을 시도한 적 있는 여성과 상담을 진행했다. 이 여성은 가족이나 다름없이 친했던 친구가 세상을 떠나 우울한 상태였다. 그녀의 손목이나 팔에는 자해한 흔적이 종종 발견됐다. 그런데 심리상담사가 그 상흔을 보고 격렬하게 반응하며 다그쳤다.

"왜 이랬습니까? 이유가 뭐죠? 도대체 왜요?"

"모르겠어요."

내담자는 온순하면서도 무기력하게 대답했다.

"이미 다 알아들을 만큼 설명했어요. 우리 약속했잖아요! 죽고 싶은 생각이 들면 나에게 전화하라고 여기 이렇게 쓰여 있지 않습니까? 약속한 것 잊었어요?"

내담자는 침묵했다.

"물어보는데 왜 대답을 안 합니까?"

심리상담사는 참지 못하고 다시 물었다.

"무슨 말을 해야 할지 모르겠어요."

심리상담사는 더욱 불같이 화를 냈다. 내담자는 그의 분노를 감당하며 침묵을 유지했다. 심리상담사는 내담자의 자살 시도를 자신에 대한 증오에서 비롯된 행동이라고 생각했다.

한편 이 심리상담사는 마음에 맺힌 응어리가 있었다. 그의 어머니는 그가 청소년이던 시기에 자살했다. 그의 무의식은 어머니를 증오했다. 아무런 예고도 없이 자신을 외롭게 내팽개친 어머니가 원망스러웠다. 그가 심리상담사가 된 것도 자신의 마음 깊은 곳에 있는 상처를 어루만져 주고 무의식에 잠재한 분노를 분출하기 위해서였다. 하지만 이렇게 자살을 시도한 사람을 만날 때면 그는 어머니만큼 내담자가 미워진다. 물론 이런 혐오 역시 무의식적으로 일어난다. 안타깝게도 이 심리상담사의 무의식에 존재하는 증오의 감정은 내담자를 죽음과 삶의 경계로 내몰

서문 심연이 나를 응시할 때

았다. 이런 무의식의 증오는 그가 내담자를 가학적으로 '교정'하는 과정에서 드러났다.

"자살하고 싶은 거죠?"

"모르겠어요. 아닌 것 같아요."

"진실은 전혀 없고 거짓말만 늘어놓는군요! 사실을 말하지 않으면 나도 도와줄 수가 없습니다. 알아서 하세요!"

"알겠어요. 하지만 무슨 말을 해야 할지 모르겠어요."

"집에 약 있어요? 집에 가서 당장 버려요! 또 칼 같은 것도요! 내 말 알아들었어요? 내 말 또 무시할 거예요? 그리고, 무섭거나 긴장되면 꼭 나에게 전화해야 해요. 내 말대로 할 수 있겠어요?"

"약속할게요."

"빈말만 하지 말고 약속했으면 좀 지켜요! 나 진지하게 말하는 겁니다, 정말 나에게 전화할 거예요?"

"네, 약속해요."

이 심리상담사는 저도 모르게 내담자를 자살로 내몰았다. 사실 그의 비난과 요구는 그녀가 자살한 간접적인 원인이다. 내담자는 좋은 사람이 될 수 없으면, 심리상담사의 요구대로 할 수 없다면 그의 인정을 받을 수 없다는 정보를 얻었다.

며칠 후, 내담자는 수면제 한 병을 먹고 병원으로 실려 가 응급

악은 어떻게 탄생하는가

처치를 받았다. 다행히 목숨은 건졌지만 심리상담사는 그녀에 대한 치료 자격을 상실했다.

역전이가 이렇게 무섭다. 심리 치료 과정에서 통제하기 어려운 역전이가 발생했다면 그 치료는 철저히 실패했다는 의미다.

심리 치료의 첫 관문 2. 저항

치료가 필요하지만 약을 싫어하는 환자도 있고 치료를 거부하는 환자도 있다. 치료 자체가 고통스럽기 때문이다. 심리 치료도 마찬가지다. 우리의 심리는 어떻게 치료해야 할까?

심리는 몸의 구조와 비슷하다. 눈, 코, 입, 피부 같은 신체의 외부 기관과 구조는 잘 보이지만 혈관, 지방, 근육, 신경, 골격 등 몸의 내부는 볼 수 없다. 심리도 똑같다. 우리는 심리의 일부분인 의식 측면만 알아볼 뿐이고, 그 아래 숨겨진 기억, 상처, 고통 등은 깨닫지 못한다.

심리 치료는 의식 측면에서 시작해 아래로 파고들어 더 심층적인 잠재의식의 문제를 꺼낸다. 표피부터 시작해 한층 한층 갈라내고 골수 깊은 곳까지 들어가는 수술과 같다. 이때 마취약을 쓰지 않는다면 얼마나 아프겠는가. 마찬가지로 어제의 슬픈 기억이 다시 나타나면 얼마나 고통스럽겠는가. 그런데 심리 치료는 별도의 마취약이 없다.

그래서 내담자는 심리 치료를 앞두고 하루라도 빨리 낫길 바라면서도 과거의 상처를 건드리는 것을 기피하는 모순적인 태도를 보인다. 지난날이 재현될까 봐 겁을 먹으면 몸에서 알 수 없는 힘이 솟는다. 그 힘은 깊은 곳으로 파고드는 것을 막고, 잠재의식 안에 있는 기억, 체험, 충동이 떠오르는 것을 저지한다. 그 힘이 바로 '저항Resistance'이다.

저항은 환자가 "말하고 싶지 않아요!"라며 상담을 거절하는 단순한 문제가 아니다. 저항에 좌지우지되어 자신의 속내를 말하고 싶어도 하지 못하기에 무서운 것이다.

저항 유형1: 지각

치료 시간에 7, 8분씩 지각하는 내담자가 있었다. 그럴 때마다 지각한 이유를 허울 좋게 늘어놓았지만, 심리상담사는 치료에 대한 저항이라고 생각했다. 치료 기간이 몇 달간 이어지자 내담자가 지각하는 날도 점점 늘어났다. 그는 뒤늦게 무엇 때문인지 구체적으로 말하기는 어렵지만 치료를 받으러 올 때마다 불안하고 그날의 치료를 그저 피하고 싶다는 마음이 든다고 했다.

저항은 이처럼 '지각'뿐 아니라 다음과 같은 저항 유형으로도 위장된다.

저항 유형2: 침묵

내담자가 침묵하는 것은 의식과 잠재의식이 자신의 생각과 감정을 심리상담사와 공유하고 싶지 않다는 의미다. 환자 스스로 자신이 원하지 않는다는 사실을 알아챘을 수도 있고, 머릿속이 하얘지면서 심리상담사의 질문에 어떻게 대답해야 할지 선뜻 생각이 나지 않을 수도 있다.

심리상담사가 물어본다.

"저에게 당신의 상황을 말씀해 보시겠어요?"

환자는 답이 없다.

심리상담사가 말한다.

"언제 처음 공황발작이 일어났죠?"

여전히 답이 없다.

"침묵하는 이유를 말해 줄래요?"

"…."

"대화를 나눌 생각이 없어 보이는군요. 그럼 오늘 치료는 여기까지 하죠."

"네, 안녕히 계세요."

저항 유형3: 주제 회피

심리상담사가 질문한다.

"지금 어떤 상황이시죠?"

"오늘 날씨가 정말 좋아요!"

"언제 처음 공황발작이 일어났죠?"

"최근에 부동산 시장 흐름 보셨어요? 요즘 추이가 어떨까요?"

"제 질문을 잘 들어보세요. 언제 처음 공황발작이 일어났습니까?"

"선생님, 신발이 참 예뻐요. 어느 브랜드예요? 소가죽인가요?"

심리상담사는 맥이 빠진다.

"제가 올 때 보니까 입구에 새로운 식당이 생겼더라고요. 가서 드셔 본 적 있으세요? 맛은 어때요?"

저항 유형4: 과도한 흥분

심리 치료는 대부분 진지하고 엄숙하게 진행되지만 항상 힘들거나 곤란한 것은 아니다. 내담자는 치료 후에 성취감이나 만족감을 느끼고 크게 기뻐하기도 한다. 하지만 빈번하게 또는 알 수 없는 이유로 너무 신이 나거나 지나치게 열정적인 모습을 보이고 오랜 시간 흥분 상태를 유지한다면 회피하고 싶은 무언가가 있다는 뜻이다. 보통 회피의 대상은 표출되는 것과 상반된다.

악은 어떻게 탄생하는가

"언제 처음 공황발작이 일어났죠?"

"공황발작이요? 별거 아니에요. 몇 년 전 일인데요, 뭐."

"그때 어디에 있었죠?"

"음, 생각해 보면 지하철에 있었어요. 하하하!"

"그때 무슨 일이 일어났나요?"

"후, 아주 재미있는 일이 일어났죠. 열차 안으로 들어가자마자 갑자기 심장이 쿵쾅거리면서 사정없이 뛰는 거예요. 사춘기 소녀처럼 말이에요. 얼굴은 또 얼마나 새빨개지던지, 하하하! 너무 웃기지 않아요? 그땐 숨도 제대로 안 쉬어지고, 너무 흥분돼서 죽는 줄 알았다니까요! 하하하, 그러다 정신이 혼미해져서 옆에 있던 손잡이를 겨우 붙잡았는데도 천장이랑 바닥이 빙글빙글 돌고, 꼭 구름 위에 있는 것 같았어요! 어찌나 붕붕 뜨던지! 하하하!"

사실 이 내담자는 폐소공포증을 앓고 있었다. 그는 직접적인 치료도, 내면의 고통도 마주하고 싶어 하지 않았다. 그가 겪었던 일은 이랬다. 열차 안으로 들어선 순간 갑자기 심장이 금방이라도 터질 것처럼 빨리 뛰기 시작했고 다리에 힘이 풀려서 옆에 있던 손잡이를 얼른 잡았다. 그 자리에서 그대로 넘어지면 체면이 말이 아니기 때문이다. 그러다가 현기증과 오심을 느꼈다. 다음 정거장에서 내린 그는 그 이후로 다시는 지하철을 타지 않았다.

'침묵'이든 '주제 회피'든 '과도한 흥분'이든 아니면 다른 저항 증상이든 이 모든 것은 환자 마음속 깊은 곳에 존재하는 이러한 생각 때문에 발생한다.

'나는 치료를 받고 싶지 않아!'

저항은 의식이 통제할 수 있는 범위 안에 있지 않다. 그래서 심리상담사는 내담자를 '진정'시키는 것에 주안점을 두지 말고 그를 도와 저항을 '진정'시켜야 한다.

저항은 왜 의식의 통제를 받지 않을까? 그 이유는 인간 고유의 자기 보호 시스템인 방어기제가 작동했기 때문이다.

자기도 모르게 작동하는 4가지 방어기제

방어기제Defense mechanism는 사람의 의지와 생각으로 발동하는 것이 아니다. 의식적으로 노력해도 진짜 방어기제는 무의식적으로 작동한다. 사실 심리적인 질병이 있는 사람뿐 아니라 거의 모든 사람이 방어기제를 작동시켜 고통스러운 감정과 기억을 의식이 자각할 수 없는 곳으로 밀어낸다. 이는 자신을 보호하기 위한 인류의 타고난 기능이다.

예를 들어 가족의 사망, 막대한 재산 손실 등 중대하고도 갑작스러운 자극 또는 충격을 받았을 때 방어기제가 바로 작동해 완충 역할을 하고 그 덕분에 정신적으로 무너지지 않고 견딜 수 있다.

다음은 흔히 볼 수 있는 방어기제로 앞에서 설명한 저항 유형과 각각 대응한다.

방어기제 1. 치환('지각'에 대응)

치환은 사람의 감정이 지향하는 객체를 더 안전한 객체로 전환하는 것을 말한다. 쉽게 말해 '화가 나면 만만한 상대를 골라 화풀이한다'는 것이다. 예를 들면, 회사에서 상사에게 한마디 들어 기분이 상했지만 상사에게 아무런 대꾸를 하지 못한다. 그러다 퇴근 후 집에 돌아와서는 강아지를 때리고 부인에게 잔소리를 늘어놓는다. '치환'은 다른 관점으로 보면 자신의 최대 이익(직장을 잃지 않거나, 비난을 피하는 등)을 보장하는 상황에서 자신의 기분을 시원하게 풀어 주는 해소 방식이다.

방어기제 2. 억압('침묵'에 대응)

지그문트 프로이트Sigmund Freud가 가장 먼저 제시한 억압은 가장 많이 알려진 방어기제다. 억압은 고통스러운 기억, 감정, 충동 등을 적극적으로 의식 밖으로 밀어낸다.

예컨대 성적흥분장애Sexual arousal disorder를 앓고 있는 사람은 성적 흥분과 관련된 감정이 전혀 없고 어린 시절 성과 관련된 기억도 떠오르지 않는 듯 '의연'한 모습을 보인다. '과도한 상심'이 두려워

27

그의 방어기제가 연상되는 마음 아픈 기억을 모두 차단해 버렸기 때문이다.

방어기제 3. 부인('주제 회피'에 대응)

부인Denial은 고통을 주는 대상에서 주의력을 옮긴다는 점에서 억압과 유사하다. 하지만 억압과 달리 고통스러운 기억, 감정 등이 의식에서 완전히 벗어나지 않는다. 그래서 부인이라는 방어기제가 작동하면 고통스러운 일을 자각하지 못하는 것이 아니라 자기기만을 통해 회피한다. 예를 들어, 영예롭지 못하게 면직된 고위급 공무원이 여전히 존중받는 관료의 모습으로 살아가려 한다. 그는 정말 자신이 이미 면직된 사실을 모를까? 그의 방어기제가 그 고통을 천천히 '소화'하도록 돕고 있을 뿐이다.

방어기제 4. 승화('과도한 흥분'에 대응)

승화는 상대적으로 성숙한 '고급' 방어기제로, '비통함을 역량으로 전환'하는 느낌이 강하다. 인간의 몸에는 사회와 도덕의 범주에서 벗어나는 원시적인 충동과 욕망이 존재하는데, 승화는 이들을 합리적으로 전환한다.

어린아이는 배설물에 호기심을 가지고 분변을 만지거나 여기저기 흩뿌릴 수 있다. 성인이 되면 할 수 없는 이런 행동에 대한 욕구는 어떻게 해소할 수 있을까? 화가나 도예가가 되어 배설물을 뿌리는 욕망을 승화한다. 촬영기사가 되어 몰래 엿보고 싶은 욕망을 승화하거나 무용수나 배우가 되어 노출 욕구를 승화할 수도 있다. 정상적이고 건강한 동성 간의 우정은 동성애와 난륜의 욕망을 부분적으로 승화한다.

전이에 상반된 역전이가 있는 것처럼 저항에 상반되는 '역저항'도 있다. 역저항은 심리상담사가 내담자의 치료를 저지하는 것이 아니라 내담자가 올바른 치료를 받는 것을 막는다. 심리상담사는 자신의 잠재의식 중에 자리 잡은 어떠한 문제 때문에 내담자에 대한 객관적인 판단을 놓친다. 간단히 말하면 환자에게 자신의 생각을 강요하는 것이다. 이런 일이 일어나면 내담자는 자신의 문제를 해결할 수 없을 뿐만 아니라 새로운 문제까지 발생하므로 건강 회복이 점점 요원해진다. 다음의 사례를 살펴보자.

"마구 소리를 지르고 싶어요."
환자가 말했다.
"그렇게 해서 뭘 얻을 수 있죠?"
"나를 분출하지요."
"나의 무엇을요?"

"모르겠어요. 그냥 그렇게 하고 싶어요. 하지만 선생님이 동의할지 모르겠네요."

"어떨 것 같아요?"

"동의하지 않으실 거죠?"

"소리 지르는 행위가 당신에게 무엇을 의미하죠?"

"그건 잘 모르겠고, 그냥 소리 지르고 싶어요. 그런 이야기는 하고 싶지 않고요, 그냥 소리 지르고 싶다고요!"

심리상담사가 내담자를 치료할 때마다 거의 매번 이런 대화를 주고받았다. 이 젊은 내담자는 어렸을 때 아동학대를 당했고, 그 시절부터 쌓였던 분노가 지금 폭발했다. 그런데 심리상담사는 환자가 소리를 지르는 행위에 반감을 느꼈다. 이유는 두 가지였다. 첫째, 정통 정신분석 훈련을 받은 그는 학술적으로 정석을 추구하고 '비주류의 민간요법'은 좋아하지 않았다. 둘째, 그의 어머니는 매우 심각한 신경쇠약자로 어렸을 때부터 집 안에서 아주 작은 소리가 나는 것도 용납하지 않았다. 이러한 심리상담사의 사정과 경험이 내담자의 치료에 영향을 주었고, 이때 역저항이 발생했다.

"아주 외로울 때가 있어요."

환자가 말했다.

"가끔은 마구 소리를 지르고 싶을 정도로 너무 외로워요! 아아

악은 어떻게 탄생하는가

아아악!"

"그렇게 하면 무엇을 얻나요?"

"아아아아악!"

심리상담사가 그의 질문을 반복했다.

"그렇게 마구 소리 질러서 뭘 얻을 수 있나요! 그만해요!"

이 내담자는 영원히 소리를 지를 수 없었다. 최소한 이 심리상담

사가 있는 곳에서는 그랬다. 이 때문에 그는 또 다른 심리상담사

를 찾을 수밖에 없었고, 정말 그렇게 했다.

가수 박혜경의 〈고백〉이라는 노래에 "용기를 내야 해, 후회하지

않게…."라는 노랫말이 있다. 심리 치료도 용기가 필요하다는 사

실을 알아야 한다. 그 용기를 가지고 마음속 고통과 두려움을 다시

마주하고 극복해서 불구덩이에서 빠져나와 다시 태어나야 한다.

세상에서
가장 위험한 직업

심리 치료를 하다 보면 역전이가 일어나 심리상담사가 스스로 힘들어지기도 한다. 심리상담사가 하얀 스크린이 되어 객관적으로 내담자의 상황을 바라보고 내담자의 전이가 투사되어 분석할 수 있으면 좋겠지만 현실은 그렇지 못하다.

심리 치료는 세상에서 가장 위험한 직업으로 알려져 있지만 그 점이 바로 심리 치료의 매력이기도 하다.

왜 위험할까? 나의 대답은 이렇다. 세상에 공짜는 없다. 수확을 얻으려면 그만큼 지출도 있어야 한다. 심리 치료 비용은 왜 비쌀까? 심리상담사는 왜 아무나 할 수 있는 것이 아닐까? 다 그럴 만한 이유가 있다.

세상에서 심리상담사만큼 업무에 시달리는 직업도 없다. 간단히 예를 들어 보자. 우리는 아프면 병원에 간다. 의사의 기본적인 진단하에 약을 먹어야 하면 약을 먹고 수술이 필요하면 수술을 한다. 의사는 환자가 어렸을 때 뭘 했는지, 지금의 기분은 어떤지, 앞으로 어떤 결심이 있는지 환자의 내력이나 경과를 살필 필요가 없다.

하지만 심리상담사는 다르다. '공감'은 가장 기본적인 요구 조건이다. 내담자의 마음 안으로 들어가지도 못하면서 어떻게 치료를 논하겠는가?

평범한 의사는 환자를 치료할 때 고무장갑, 수술용 마스크, 스테인리스 탐지기 등 자신을 보호하기 위한 조치를 취해 세균의 침입을 방지하고 질병 감염을 피한다. 하지만 심리상담사가 심리 치료를 할 때 사용하는 도구는 자신의 '마음'뿐이다. 내담자는 심리상담사에게 학대, 상처, 시달림, 중독, 충동, 변태적 성향, 분노 등 지금까지 누구와도 공유하지 않았던 비밀을 알려 주고 그것이 지켜지길 바란다. 사람들은 최악의 본능, 환상, 환각, 착각, 강박을 토로하고 심리상담사가 그대로 받아 주기를 바란다. 그래서 심리상담사가 마음을 터놓으면 그 영향을 피할 수 없고 자신의 심리적 '지뢰 매설 구역'을 건드리기도 한다. 심리상담사를 포함한 모든 사람의 마음이 완전무결하진 않다.

심리상담사가 마주하는 위험

여성 심리상담사 주주는 지난 20년간 거식증, 폭식증 등 몸과 관련된 문제를 겪어왔다. 그 문제들은 대부분 여성에게 일어난다. 이유가 뭘까? 오늘날의 사회 문화와 대중들은 '마른 여성'을 원한다. 이런 말이 있다.

"남성은 세상을 정복해서 여성을 정복하고, 여성은 남성을 정복해서 세상을 정복한다."

여성은 무엇으로 남성을 정복할까? 마르고 아름다운 외모다. 그래서 소녀들은 사춘기 때부터 식욕과 욕망을 억누르고 늘씬한 몸매를 유지하기 위해 노력한다. 많은 소녀가 자신의 가치, 권위, 신분이 매력(늘씬한 몸매)을 유지하면 실현할 수 있다는 것을 알고 있다.

그렇다면 여성 심리상담사인 주주가 체형과 관련된 심리적 문제를 해결할 때 어떤 일이 일어날까? 그녀와 한 영상을 제작했을 때의 이야기부터 말해야겠다.

주주는 여성 신체와 심리적 문제, 섭식 장애에 관한 치료 영상을 제작했다. 한번은 가족들과 다 같이 식사를 하는 자리에서 그녀의 친척들이 영상을 보고 싶다고 했다. 주주 역시 자랑하고 싶은 마음에 흔쾌히 보여 주기로 했다. 그녀는 영상을 본 친척들이 하나같이 자신을 칭찬할 거라고 기대했다.

"와, 주주, 훌륭한 직업을 갖고 있구나!"

"주주, 정말 대단해!"

"정말 심리학자답다!"

하지만 상황은 예상과 다르게 흘러갔다. 영상을 본 지 10초도 안 돼서 모두 다른 곳에 더 집중하고 열띤 토론을 벌였다. 첫 번째 논쟁의 대상은 주주의 헤어스타일이었다.

"머리가 더 길면 예쁘지 않을까?"

"파마는 한 거야?"

"염색은 진한 갈색이 나을까, 아니면 밝은 갈색이 나을까?"

그다음은 그녀의 의상이었다.

"셔츠를 입으면 더 돋보였을 것 같아."

"그 분홍색 재킷은 어디서 샀어?"

"왜 검은색 정장을 입지 않은 거야?"

마지막은 주주의 체형 문제였다.

"주주, 영상을 찍을 때보다 살이 더 찐 것 같아."

"영상으로 보면 조금 더 통통해 보여. 주주야, 이모 말을 믿으렴. 넌 살찌지 않았어."

이런 상황에 주주는 어안이 벙벙했다. 마음 어딘가를 커다란 돌로 얻어맞은 듯한 기분이었다. 친척들이 영상을 본 후에 자신의 직업에 흥미를 갖고 감탄할 줄 알았는데 그들은 주주의 외모에만 치중했다. 그런데 친척들의 이러한 평가가 결국 주주에게 영향을 미쳤고, 그녀는 자신의 겉모습에 신경을 쓰기 시작했다.

주주는 자신의 에너지가 얼마나 쉽게 잠식당할 수 있는지, 얼마나 쉽게 불안감과 수치심이 일어나는지 깨달았다. 이 모든 것은 이유가 있었다. 주주는 아름다운 몸매에 치중해서 거식증까지 앓는 환자와 마찬가지로 여자였고, 똑같은 문화와 가치관의 영향을 받고 있었다. 그들은 마르지 않으면 죽는 게 나았다.

주주는 이런 생각이 한 번 '활성화'되자 둑이 터진 듯 멈출 수 없었다. 어느 날 저녁, 주주는 무서운 꿈을 꿨다. 꿈에서 그녀가 지도하던 폭식증 치료 그룹이 나왔는데 그녀는 치료사가 아니라 그중의 한 환자였다. 그룹에서 가장 마른 여성 C가 주주를 향해 비웃었다. 그녀의 허벅지가 너무 통통했기 때문이다. 주주는 식은땀을 흘리며 깨어났다.

다음 날, 주주는 그룹의 일원인 C를 보니 50킬로그램인 자신이 너무 비대한 것처럼 느껴졌다. 주주는 다른 사람에게, 특히 자신의 내담자에게 '마음의 소리'를 내뱉을 엄두가 나지 않았다. 주주는 지금까지 내담자에게 "외모는 중요하지 않습니다. 진정한 자신감은 마음에서 나옵니다."라고 알려 주었기 때문이다. 주주를 만난 내담자들이 그녀 역시 '외모에 치중'하는 것을 알면 어떻게 될까?

이 세상에서 가장 가식적인 사람으로 여길 것이다.

그 후 주주는 내담자와 상담할수록 상대방의 하소연을 들어주기가 어려웠다. 마를수록 안심된다는 그들의 하소연은 그녀가 하고 싶은 말이기도 했기 때문이다. 긍정적인 에너지가 가득한 척 상대방의 인생을 지도하는 것은 더욱이 할 수 없었다. 체형과 관계된 내용은 언급조차 하고 싶지 않았다. 사람들이 신경 쓰는 문제일수록 이야기하고 싶지 않았다. '상처'가 노출되었다가 소금을 맞을까봐 두려웠다.

섭식 장애를 치료하는 심리상담사였던 주주는 점차 체형과 관련된 상담을 피하기 시작했다. 결과는 어떻게 됐을까? 주주는 더 이상 그 업무를 맡을 수 없었고 직장을 떠나 쉬기로 했다.

주주는 커리어에 영향을 받은 것에 그쳤지만, 다음의 심리상담사 사례는 치명적이다.

15년 차 심리상담사 J는 새벽 2시에 내담자의 룸메이트로부터 온 전화에 잠이 깼다. 회식에 참여했다가 늦은 시각에 집에 와보니 내담자가 거실 벽장에 목을 매어 자살했다는 것이다. 책상에는 내담자가 친필로 쓴 두 페이지 분량의 유언장도 있었다. 유언장에는 '끝나지 않는 우울증'을 더는 견딜 수 없으며, 가족과 친구의 노력과 약물 치료, 특히 '아무런 효과가 없던 심리 치료'는 전혀 소용이 없었다고 밝혔다.

이 뒤숭숭한 전화는 시작일 뿐이었다. J에게 오랜 시간 이어지는, 현실이 되어 버린 악몽이 시작됐다. 그는 꽤 오랫동안 심적 고통을 견뎌야 했다. 내담자의 부모는 유언에 적힌 '아무런 효과가 없던 심리 치료'라는 문구를 증거로 대며 심리 치료가 자기 아들을 사망에 이르게 한 원인이라고 주장했다. 그들은 심리상담사가 정확한 진단과 조치를 취하지 않았다며 그를 직무 유기 및 과실치사로 고발했다.

내담자의 사망을 겪은 상담사 J는 수치와 죄책감에 빠져 결국 재기하지 못했다. 지금까지 그가 한 일은 심각한 우울증을 앓고 오랜 시간 자살을 원하던 내담자를 성심껏 도와준 것뿐이었다. 집에 있을 때면 수도 없이 응급 전화를 받았고, 여러 번 입원 치료와 약물 치료도 권했다. 그런데도 그는 내담자의 자살이 자신에게 책임이 있다고 여기고 우울증에 빠졌다.

자살 사건이 발생한 후 2년 동안 소송전을 벌인 그는 동료와 친구들마저 자신을 비난한다고 느꼈다. 결국 어느 비가 내리던 날밤, 집에 혼자 있던 그는 극단적인 선택을 했다.

자살 당사자와 관련된 사람 중에는 위의 심리상담사처럼 자살을 선택하는 사람들이 꽤 있다. 왜 이런 현상이 나타날까?

자연사와 불의의 사고는 오랫동안 '하늘의 뜻'으로 여겨졌다. 반면, 살인과 자살은 용서받을 수 없는 죄악으로 간주되었다. 이는 '하늘의 걸작'을 고의로 망가뜨리는 행위이기 때문이다.

빅토리아 시대의 잉글랜드 사람들은 자살한 사람을 대상으로 법정에서 사후 심판을 했다. 즉, 정신병을 앓아 무고하게 자살한 사람인지, 자신을 해하는 생각을 품었던 범죄자인지 판단했다. 후자인 경우 자살한 사람을 유죄로 판정하고 재산을 몰수하여 국왕에게 바치고 사체를 모욕하고 채찍질했으며, 종교적 장례 의식을 치르지 못하게 하여 황무지에 유기시켰다. 가족들 또한 재산을 뺏기고 벌을 받았으며 사회로부터 배척당했다.

시간이 흐르고 사회가 발전하면서 자살한 이에게 벌을 내리는 관습은 사라졌다. 하지만 사회적으로, 특히 법률 체계는 누군가는 이를 위해 책임을 져야 한다고 요구한다. 심리 치료를 받던 사람이 자살했다면 대부분 심리상담사가 속죄양이 되었다. 치료하는 것은 물론이고 자살도 막았어야 했는데 실패했다는 이유에서다. 심리상담사는 비난의 대상이 되어 사람들에게 손가락질을 받고 양심이 커다란 돌덩이가 되어 자신의 마음을 짓누른다.

내담자가 직면하는 위험

심리 치료의 위험성은 심리상담사 본인이 감당해야 하는 직업적 위험뿐만이 아니다. '신뢰할 수 없는' 심리상담사를 만난 내담자 역시 영원히 회복하기 어려운 심연에 빠지기도 한다.

다음은 유리라는 여성의 사례다. 이번엔 '위험한' 심리상담사가 치료가 가능했던 여성의 마음을 어떻게 잠식하여 돌아올 수 없는 강을 건너게 했는지 살펴보자.

유리는 여섯 살 때부터 삼촌이 자신에게 한 짓을 도저히 잊을 수 없다. 몇 년간 자신을 상대로 한 음란한 행위와 학대를 선명하게 기억한다. 20년이 지났지만 유리는 생선 피가 가득 묻은 칼날 끝이 그녀의 피부에 닿았던 느낌을 기억하고, 차가웠던 신발의 색도 기억하며, 발바닥의 물집과 정수리를 쏘는 뜨거운 태양, 이 사이에 껴 있던 모래들도 선명히 기억한다. 이 모든 것이 마치 어제 일어난 듯하다. 유리의 머릿속에는 죽은 물고기가 끊임없이 떠올랐고, 생선의 멍한 눈빛이 자신의 눈과 비슷하다고 생각한다. 위아래로 오르락내리락하는 삼촌의 몸, 그리고 그 거대한 몸으로 누르는 자신의 작은 몸도 전부 떠오른다. 이 기억들은 불청객처럼 시도 때도 없이 유리를 찾아온다.

마지막 강간이 일어난 후로부터 13년 후, 유리는 마침내 전화기를 들어 한 심리상담센터에 도움을 요청했다. 그때의 유리는 이미 수년간 앓아온 폭식증으로 심각한 비만 상태였다. 유리는 정크푸드를 폭식한 후 이뇨제, 설사약, 구토제 등을 남용하여 자신의 몸을 씻어 냈고, 폭음한 후에는 인위적으로 배출했다. 그녀가 느끼는 좌절감과 자책감은 나날이 더해갔고, 용기를 잃고 두려움에 빠졌으며 자신의 몸을 제어하지 못한다는 사실에 분노했다. 유리는 '정상'이 되길 갈망했다.

심리상담사는 유리의 폭식증에 관한 이야기를 듣고 잠시 묵묵히 있다가 물었다.

"성폭행을 당한 적이 있습니까?"

"네."

유리가 대답했다. 동시에 심리상담사의 통찰력에 놀랐다.

"신통하시네요."

그녀는 삼촌에게 강간당한 일을 간단히 털어놓았다.

"삼촌 한 사람뿐이었습니까?"

"한 사람이면 충분하잖아요."

유리는 쓴웃음을 지어 보였다.

그때부터 유리는 치료를 받기 시작했다. 그녀의 심리상담사는 학대 행위를 낱낱이 털어놓지 않으면 상담을 멈추겠다고 했다. 그러면서 유리에게 강간당한 일을 아주 자세히 다 말하도록 요구했다. 삼촌의 음경 크기와 형태까지 말하라고 했다. 유리는 어쩔 수 없이 그때의 일을 다시 떠올려야 했고 너무나 고통스러웠다. 두 번째, 세 번째 치료가 진행된 후 심리상담사는 갑자기 유리의 부모를 조준했다.

"강간당할 때 부모님은 어디에 계셨습니까? 설마 삼촌의 학대를 몰랐나요?"

"부모님께 말씀드린 적은 없어요. 올해 처음으로 털어놓는 거예요."

"확실해요? 답답하네요. 생각해 보세요, 삼촌과 단둘이 외출한 게 몇 번입니까? 스무 번? 서른 번? 부모님이 삼촌과 차를 타고 나가는 당신을 보고 어떻게 생각했을까요?"

유리는 심리상담사와 언성을 높이기 시작했다.

"부모님은 모르세요!"

그녀가 말했다.

"부모님께 말씀드린 적이 없어요. 차마 입이 떨어지지 않았어요. 우리 부모님은 매일 열두 시간씩 일해야 했고, 아이가 네 명이나 있었어요. 저는 장녀니까, 알아서 잘 지낼 거라고, 문제가 있으면 부모님께 털어놓을 거라고 생각하셨다고요!"

"진정하세요, 전 다만 잘 생각해 보라고 한 겁니다."

심리상담사는 위로하는 말투로 말했다.

악은 어떻게 탄생하는가

"한번 상상해 보세요. 그때 겨우 여섯 살 어린아이였는데, 혼자 삼촌과 몇 시간 동안 외출하고 돌아온 후에는 온몸이 땀으로 젖었고 옷은 더럽고. 부모라면 깜짝 놀라야 하는 것 아닌가요? 당신은 분명 크게 울고 짜증을 냈을 테고, 어머니를 붙잡고 매달렸을 거예요. 정말 부모님이 알아차리지 못했다고요? 생각해 보세요, 도대체 무슨 일이 있었는지 기억해 보시죠."

유리는 머뭇거리기 시작했다.

심리상담사는 그런 유리를 보고 말했다.

"이렇게 하죠, 몇 가지 방법을 알려 드리겠습니다. 집에 가서 매일 일기를 쓰고 자신의 기억을 깊은 곳까지 파고 들어가 보세요. 그런 다음에 제가 알려 드린 자기최면을 연습하세요. 그러면 예전의 일이 더 잘 기억날 겁니다."

몇 주간의 치밀한 치료와 소위 '영혼 찾기'를 연습한 후 유리는 저항을 멈췄다.

"선생님이 맞을지도 모르겠네요. 부모님은 사실을 알고 있었던 것 같아요."

(실제로 당시 유리의 부모는 유리가 강간당한 사실을 몰랐다. 그들은 몇 년이 지난 후 유리에게 들어서 알게 되었다.)

유리의 심리상담사는 화살의 각도를 바꾸기 시작했다.

"부모님이 아셨다면 왜 그 일이 계속 일어나도록 용인했을까

43

서문 심연이 나를 응시할 때

요?"

유리는 모르겠다며 고개를 저었다. 이는 심리상담사에게 조작할 수 있는 기회를 주었다.

"좋습니다. 이제 부모님이 알고 있었지만 막지 않았다는 사실을 알게 됐습니다. 이제 또 다른 가능성을 생각해 보죠. 부모님 중 누군가, 아니면 두 분 다 당신을 학대한 적이 있습니까?"

유리는 또 부모님이 그렇게 하지 않았을 수많은 이유를 대며 해명하기 시작했다. 그녀는 음식 문제로 화제를 돌리려 했다.

"여전히 폭식과 폭음을 한 후에 구토를 멈출 수가 없어요."

하지만 심리상담사는 결론을 지었다.

"당신의 폭식증은 과거의 숨겨진 기억이 만들어 낸 결과입니다. 제 말을 들으세요, 과거의 일을 다 기억해 내면 모든 문제가 사라질 겁니다."

"우리 부모님은 제게 손을 댄 적이 없어요!"

유리는 소리를 질렀다.

심리상담사가 바로 맞받아쳤다.

"자신을 기만하는 일은 이제 그만 하세요. 정말 고집이 세군요. 이렇게 하죠. 집에 가서 계속 생각하세요. 최대한 깊이, 푹 빠져서 생각해 보세요. 자기 생각을 쓰고 꿈을 기록해 보세요. 상상도 괜찮습니다. 기억해 내면 분명 기분이 좋아질 겁니다."

중간 과정은 생략하겠다. 결국 심리상담사가 이겼다. 그는 유리가 선명한 기억을 '만들어' 내도록 이끌었다.

먼저 유리는 방에 나타났던 남자를 기억해 냈다.

심리상담사가 물었다.

"그 남자가 누군지 알아보겠습니까?"

"아버지인 것 같아요."

"아버지는 뭘 하고 있죠?"

"집 안 어느 구석에 있어요. 아버지의 머리가 보여요."

"아버지가 움직이거나 손짓을 합니까?"

"아뇨, 움직이지 않고 가만히 서 계세요."

"어떻게 움직이지 않고 서 있기만 하죠? 더 생각해 보세요. 그럼 당신은 어디에 있죠?"

"침대에 누워 있어요."

"좋습니다. 상상해 보죠. 아버지가 당신에게, 침대 쪽으로 걸어온다면 그다음 무슨 일이 일어날지 저에게 큰 소리로 말해 주세요."

유리는 울기 시작했다. 그녀의 머릿속에서 '기억'들이 복원되었다.

"아버지는 제 위에 있어요."

"좋습니다. 멈추지 말고 계속 생각하세요. 아버지가 뭘 했죠?"

"제 다리를 벌리고, 제 위에 섰어요, 아버지가 제 위에⋯."

유리는 숨을 헐떡이며 흐느꼈다.

며칠 후, 유리는 또 다른 기억 한 토막이 떠올랐다. 욕조에 앉아 있는데 그녀의 어머니가 머리를 감겨 주고 있었다. 어머니의 한 손이 그녀의 가슴을 따라 아래쪽으로 내려갔다. 유리는 곧 어머니가 자신의 유방을 만지작거린다는 것을 깨달았다. 그 후 어머니의 손이 계속 아래로 향했다. 어머니의 손은 마지막에 유리의 은밀한 곳에 멈췄다.

"잘했습니다."

심리상담사는 흥분했다.

"이제 모두 다 기억했군요!"

하지만 유리는 세상이 무너지는 기분이었다. 지금까지 부모님이 자신을 사랑하고 보호한다고 굳게 믿고 있었다. 하지만 이 두 '기억'이 나타났다는 것은 그녀의 일생이 환상과 부인을 기반으로 만들어졌고, 오랜 시간 자신을 우롱했다는 뜻이었다.

그 후 1년의 시간 동안 유리는 다섯 번의 자살 시도를 했다. 그녀는 매일 잔인한 기억으로 괴로운 나날을 보냈다. 이미 무너지기 직전인 상태에 이르렀다. 새로이 파낸 기억마다 그녀의 얼마 남지 않은 이성을 잠식했다. 그녀는 모든 가족과 친구와도 단절했다. 그녀의 심리상담사는 그녀에 대한 진단을 계속 바꿨다. 채 1년도 안

된 시간에 그녀가 받은 진단은 너무 많았다.

파괴적 기분조절장애, 양극성 정동장애, 중증 우울증,
신경성 우울증, 외상후스트레스장애, 임상우울증,
해리성정체장애, 지속성 우울장애, 경계선 인격장애.

유리는 결국 정신병원에 입원했다. 유리는 심리상담사의 잘못된
치료로 불행한 희생양이 되었다.

왜 심리 치료가 세상에서 가장 위험한 직업일까? 이제 각자 자
신만의 답이 생겼을 것이다. 어쩌면 아직도 논쟁을 벌일지도 모
른다.

"전 그렇게 생각하지 않아요. 고층 빌딩의 창문을 닦는 노동자,
악어 훈련사, 탄광 근로자들이 가장 위험한 직업이죠. 그들은 언제
라도 목숨을 잃을 수 있잖아요."

그렇다면 아직 완전히 이해하지 못한 것이다. 실패한 심리상담
사는 죽음보다 못한 삶을 살 수 있기 때문이다.

심리 치료에 관한 내용은 이제 끝났다. 심리 치료의 길은 인생의
길처럼 질퍽거리고 구불구불하다. 하지만 동시에 매우 신비하고
아슬아슬하면서 자극적이다.

'최강 두뇌'는
어떻게
만들어지는가

HOW IS EVIL BORN

제1장

E는 동작맹^{Akinetopsia} 환자다. 동작맹 환자는 사물을 볼 수 있지만 운동성은 감지하지 못한다. 즉, 움직이는 사물은 보아도 운동의 방향과 속도를 파악하지 못한다. E는 인파 속을 걸어 다닐 때마다 기이하고 섬뜩하다. 사람들이 갑자기 이곳저곳에서 나타나지만 그들이 어떻게 이동하는지는 볼 수 없다. 모두 하나같이 순간이동을 하는 것처럼 보인다.

E는 타인의 도움 없이는 길도 건널 수 없다.

"처음 차가 보이면 아직 먼 곳에 있는 것 같아요. 하지만 길을 건너려는 순간 그 차가 갑자기 내 앞에 나타납니다!"

커피를 따르기도 쉽지 않다. 흐르는 액체가 응고된 것처럼 보여서 컵에 커피가 가득 찼는데도 계속 커피를 따른다.

인간의 뇌에 대해서 혹자는 이렇게 말한다.

"뇌는 '트랜스포머'의 '에너곤'이나 '아이언맨'의 에너지원처럼 삶의 거의 모든 내용을 담고 있다. 뇌는 매일 셀 수 없이 많은 데이터와 정보를 처리하고, 수많은 반응과 결정을 하고, 우리의 일거수일투족을 지배하며, 심지어 잠을 잘 때도 바쁘게 일한다(꿈도 이와 관련 있다). 그런데도 뇌의 기능은 10% 정도밖에 개발되지 않았다."

인간이 뇌의 10%만 사용한다는 주장에 사실적 근거는 없지만 뇌가 얼마나 무궁무진한 역량을 갖고 있는지는 가늠할 수 있다. 뇌는 우리에게 이렇게 말하고 싶을지도 모른다.

"나는 아주 복잡하고도 복잡한 존재야!"

그렇다면 복잡한 뇌를 지닌 우리가 복잡한 뇌의 진상을 파헤칠 수 있을까? 뇌는 정말 사람들이 이야기하는 것처럼 강력하고 신비할까?

심리는
대뇌 기능에 대한 반응이다

뇌를 알아야 심리가 보인다

뇌에 대해 알고 싶을 때 가장 간단하면서도 거친 방법은 바로 뇌를 절개하는 것이다. 뇌를 여러 방향으로 절개해 보면(정말 호두와 닮았다), 뇌에 분포된 '여러 겹으로 이루어진 계곡'과 작은 구역들을 볼 수 있다. 생물학적으로 이 부위들은 후뇌, 중뇌, 전뇌, 후두엽, 두정엽, 전두엽 등 각자의 이름이 있다.

어떤 방식으로 절개하든 뇌는 네 부분으로 나눌 수 있다.

• **의식 구역** 의식 구역은 뇌에서 가장 수준 높은 부분으로 뇌의 위쪽이나 가장 앞쪽에 위치하는 대뇌피질Cerebral cortex이다. 이곳은 주로 사람의 의식을 확보해서 중요한 결정을 내린다.

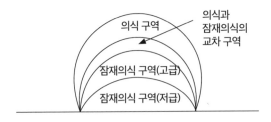

- **의식과 잠재의식의 교차 구역** 이곳은 주로 편도체와 해마로 이루어진다. 편도체는 사람의 정서를 담당하고 해마는 기억을 담당한다. 그래서 이 교차 구역은 주로 사람의 정서와 기억을 통제한다.

- **잠재의식(고급)** 이 구역은 주로 중뇌, 시상하부, 소뇌로 이루어졌으며, 각각 기본적인 감각, 체내 균형과 바이오리듬 등을 통제한다.

- **잠재의식(저급)** 이곳은 인류의 뇌에서 수준이 가장 낮은 부분으로 호흡, 체온 조절 등을 책임지며 뇌의 가장 아래 부위와 뒤쪽에 위치한 뇌간에 해당한다.

이렇게 구분한 이유는 인류의 기원을 알면 이해하기 쉽다. 인류가 탄생한 이후 인간의 뇌는 쉬지 않고 진화하고 있다. 하지만 기존의 뇌가 없어지고 새로 생겨나는 것이 아니라 모든 진화는 기존

악은 어떻게 탄생하는가

의 뇌를 기반으로 이루어진다.

소프트콘 아이스크림 윗부분에 아이스크림 한 스푼을 더 얹었듯이 뇌는 고등 기능을 추가하며 진화해 왔다. 그러면 아이스크림의 아랫부분, 즉 기존의 뇌는 그대로 덮일 뿐 변화는 없다. 이런 진화 방식 때문에 인류의 첫 아이스크림 한 스푼이 있던 곳인 뇌간, 소뇌, 중뇌는 개구리의 대뇌 구조와 비슷하다. 두 번째 아이스크림 스푼이 얹어진 시상하부와 시상 등 계통 역시 두 스푼의 아이스크림이 있는 쥐와 별 차이가 없다. 마지막이 중요하다. 인류가 다른 생물을 오만하게 대하고 독보적인 위치를 차지할 수 있었던 것은 대다수 생물에게 없는 세 번째 아이스크림 스푼, 즉 발달한 대뇌피질이 있기 때문이다.

이러한 인간의 뇌가 진화해 온 방식을 보면 뇌는 궁극적이면서도 만능인 컴퓨터가 아니며, 조물주가 하얀 도화지에 즉흥적으로 완성한 창작품도 아니라는 것을 알 수 있다. 뇌는 오랫동안 진화의 역사를 쌓아 온 빌딩에 비유할 수 있다. 이 빌딩은 첨단 기술을 갖추었으면서도 오래된 설비를 그대로 남겨 두었다. 그래서 뇌에는 세련되면서도 미흡한 부분이 있다. 이제부터 하나하나 알아보자.

지금쯤이면 의문을 품는 사람이 있을지도 모르겠다.

"잠깐, 저는 심리학 책을 샀는데 뇌가 심리학과 무슨 상관이죠?"

많은 사람이 심리학은 '심리'에 관한 일이라며 뇌와 연관 짓지 않는다. 하지만 뇌를 다루는 이 장이 가장 '심리학적인' 부분이다. 심리는 대뇌 기능의 반응이기 때문이다. 조금 더 구체적으로 말하자면, 심리는 '물건'이 아니라서 만질 수 없다. 심리를 불에 비유한다면 뇌는 라이터라 할 수 있다. 한마디로, 심리는 '마음 안心里'의 일이 아니고 뇌 자체도 아니다. 그것은 뇌에서 일어나는 활동이다.

그래서 뇌를 잘 연구하면 심리학을 이해할 수 있다. 그 반대 역시 그렇다. 그러므로 이번엔 심리의 '불꽃'을 빌려 뇌라는 '라이터'의 진면목을 알아보자.

기억의 5가지 종류

장기 기억을 잃어버리면 어떻게 될까? 방금 일어난 일은 기억하지만 마치 깊은 잠에서 막 깨어난 것처럼 그 전에 일어난 일은 전혀 기억에 없다. 그때의 느낌을 글로 적는다면 이렇게 적을 것 같다.

"옛일이 먼지가 되어 내 앞에서 사라졌다."

하지만 잠시 후, 또다시 푹 자고 일어난 것처럼 모든 것을 잊고 예전의 일은 기억하지 못한다. 이때 종이에 쓴 글을 보지만 글을 쓴 일을 기억하지 못한다. 과거가 '사라졌다니' 이 얼마나 이상한 일인가. 다른 사람이 장난친 건 아닌지 의심하거나 자신의 의식이 맑지 않을 때 썼다고 생각할지도 모른다. 그러고는 화가 나서 쓴 글을 지우고 다시 쓸 것이다.

"지금, 옛일이 먼지가 되어 내 앞에서 사라졌다."

잠시 후, 또 썼던 글을 지우고 같은 내용을 다시 쓴다. 결국 글을 쓰고, 지우고, 쓰고 또 지우는 반복적인 행위를 하게 된다.

이런 일이 〈첫 키스만 50번째〉와 같은 영화에서만 나타날까? 일상에서도 이런 일은 존재한다. 어느 환자는 자신의 간질을 치료하기 위해 의사와 협의 후 자신의 해마를 절제했다가 끔찍한 결과를 맞이했다. 그 결과가 얼마나 심각한지는 나중에 이야기하고 먼저 장기 기억에 대해 소개하겠다.

장기 기억에 대해 논하려면 장기 기억의 두 형제인 순간 기억과 단기 기억을 빼놓을 수 없다. 셋의 관계는 그림과 같다.

순간 기억은 저장 시간이 0.25~2초 정도로 매우 짧다. 이렇게 짧은 순간 기억이 우리에게 어떤 도움이 될까? 일상에서 순간 기억의 쓰임새는 생각보다 많은데 가장 대표적인 예가 영화 감상이다. 영화 스크린은 사실 정지된 이미지를 투사한다. 하지만 순간 기억 덕분에 각각의 이미지가 머릿속에서 찰나의 순간에 남아 있으면서 한 장 한 장 변환되는 것이 아닌 움직이는 형태로 보인다.

순간 기억 중 유용한 부분은 선택되어 단기 기억 영역으로 진입한다. 또 단기 기억 중 쓸모 있는 부분은 장기 기억 영역으로 들어간다. 한편 장기 기억 내의 정보는 단기 기억에 단서를 제공하기도 한다. '이 물건은 아주 익숙해 보인다' 또는 '이 사람은 낯설지 않다' 등은 단기 기억에 도움을 주는 단서다. 이는 단기 기억과 장기 기억 사이에 양방향 화살표를 그려 넣은 이유이기도 하다.

단기 기억은 기껏해야 5초~2분 정도 버티다가 사라진다. 문자 부호 'DZLAUV'를 본 후 다른 일을 하다가 다시 그 부호를 말하라고 하면 기억하기 힘들다. 하지만 장기 기억에서 몇 년 동안 봉인되어 있던 과거의 일은 조금만 유인하면 바로 기억이 난다.

단기 기억과 장기 기억의 저장량도 다르다. 46547431023135와 같은 숫자나 문자로 나열된 부호를 들었을 때 최대 7자리 이상은 기억하기 힘들다. 하지만 장기 기억의 저장량은 추측하기 어려울 정도로 크다.

단기 기억의 내용은 일단 잊어버리면 영원히 사라진다. 하지만 장기 기억의 내용은 이미 잊었다고 생각한 일도 적절한 단서가 제시되면 또 기억난다. 고등학교 시절 담임 선생님의 성함을 말해 보라고 하면 잘 기억하지 못하다가 사진이나 이름 중 한 글자 등 정보를 주면 생각난다.

　기억과 관련하여 새 구성원 둘을 더하고자 한다. 바로 암묵 기억 Implicit memory과 외현 기억Explicit memory이다. 암묵 기억과 외현 기억은 '순간, 단기, 장기' 기억 삼 형제와 '혈연관계'는 없다. 더 직설적으로 말하자면 구분하는 기준이 다르다. '순간, 단기, 장기' 기억 삼 형제는 기억하는 시간의 길이에 따라 구분하지만, 암묵 기억과 외현 기억은 의식과 무의식에 따라 구분한다.

　외현 기억 - 의식

　암묵 기억 - 잠재의식

　외현 기억은 사물에 대한 의식적인 기억이라 이해하기 쉽다. 가장 최근에 본 책이 무엇인지, 어제저녁 무엇을 먹었는지 기억하는 데 외현 기억을 사용한다. 반면에 암묵 기억은 잠재의식에 발생하며 자신도 의식하지 못한다.

　어느 한 실험에서 외모가 비슷한 의사 세 명이 한 건망증 환자를 진찰했다. 첫 번째 의사는 상냥하고, 두 번째 의사는 무표정으로 대했으며, 세 번째 의사는 불친절하고 무뚝뚝했다.

　5일 후, 환자에게 세 의사의 사진을 보여 주며 친구가 되고 싶은 사람을 선택해 보라고 했다. 환자는 그들이 누구인지, 인사를 나

눈 적은 있는지 전혀 기억하지 못했지만 자신에게 가장 상냥한 태도를 보였던 의사를 선택했다. 그리고 누가 가장 싫은지 물었을 때 그는 세 번째 사람, 즉 가장 불친절하고 무서운 표정을 지었던 의사를 선택했다. 환자 자신도 그 의사를 싫어하는 이유를 설명하지 못했다. 이로 볼 때 환자의 잠재의식은 세 번째 의사를 싫어했다는 사실을 기억하고 있다.

또 다른 예가 있다. 어렸을 때 누구나 한 번쯤은 '테트리스' 게임을 해봤을 것이다. 이 게임은 위쪽에서 떨어지는 각종 기하학 도형을 이동과 회전을 통해 적합한 위치에 안착시켜야 한다. 보통 사람이라면 몇 라운드만 하면 게임의 규칙을 파악하고 실력을 키워 나간다. 하지만 건망증 환자는 몇 시간을 해도 규칙을 파악하지 못하고 심지어 게임을 했던 일도 기억하지 못한다. 그래도 그들의 게임 실력은 조금씩 늘고 잠들기 전에 아래로 떨어지고 회전하는 작은 이미지(테트리스의 도형)를 보기도 한다. 그래서 그들은 곤혹스러우면서도 호기심을 갖고 그 이미지들이 무엇인지 알고 싶어 한다.

기억, 우리를 애먹이는 요정

간질 환자 H는 1953년에 처음 발작을 일으켰다. H의 간질 증상은 매우 심각했다. 하루에 발작 증상이 열 번씩 나타났고 일주일에 한 번 정도는 아주 심한 발작을 했는데 어떤 약을 먹어도 소용이 없었다. 결국 그와 그의 외과 의사는 해마를 절제하는 '묘수'를 쓰기로 했다. 당시 의료진들은 간질의 발병이 해마의 병변과 관련이 있다고 여겼기 때문이다. 하지만 그 당시 사람들의 해마에 대한 인식은 한계가 있었다. 지금은 해마가 정보의 저장과 기억의 추출에 매우 중요한 역할을 한다는 점을 알고 있지만 당시에는 수술 후 무슨 일이 일어날지 아무도 예상하지 못했다.

수술은 H의 간질 발작 증상을 성공적으로 경감시켰고, 1년 동안 큰 발작이 두 번밖에 일어나지 않았다. 하지만 H는 간질이 있던 예전의 삶으로 돌아가길 바랐다.

H에게 무슨 일이 일어났기에 과거로 되돌리길 바라는 걸까?

H는 수술한 날로부터 2년에서 4년 전까지의 모든 기억을 잃었다. 소위 '역행성 건망Retrograde amnesia'으로 뇌가 손상되기 전에 일어난 일에 대한 기억을 상실했다. 하지만 그보다 더 예전에 일어난 일은 정확하고 상세하게 기억했다. H는 어린 시절의 거주지는 기억했지만 3년 전에 어디에서 살았는지는 기억하지 못했다.

이보다 더 심각한 문제는 H는 수술 후 새로 접하는 일을 기억하지 못하는 '순행성 기억상실증Anterograde amnesia'도 앓았다. H는 월요일에 만난 사람을 화요일이 되면 기억하지 못했다. 그가 매일 같은 책을 읽는 것도 그 책은 그에게 영원히 처음 보는 책이기 때문이다.

이게 바로 전형적인 건망증의 증상이다. 그래서 미래가 두렵지 않고 과거에 연연하지 않는다. 아무것도 기억하지 못하기 때문이다.

'기억 가족'의 관점에서 보면 이는 어느 한 '형제'에게 문제가 생겼다는 건데, 과연 누구의 문제일까?

H에게 숫자 '584'를 제시하고 잠시 후 그 숫자 조합을 기억하는지 물었다. H는 15분 동안 골똘히 생각한 뒤에 답을 맞혔다.

"아주 간단하죠, 방금 8을 기억했어요. 5와 8 그리고 4를 더하면 17이잖아요. 8을 기억하고 있으니까 17에서 8을 빼면 9고, 9를 둘로 나누면 5와 4가 나오죠. 그러니까 584입니다." 이것이 H의 584에 관한 기억 연상이다. 하지만 반나절도 안 돼서 다시 물어보면 H는 조금 전의 숫자와 관련된 기억 연상을 모두 잊었다.

H의 순간 기억과 단기 기억에는 문제가 없지만 사실과 사건을 저장하는 영구 기억 능력은 완전히 사라졌다.

H는 잡지 한 권을 질리지도 않다는 듯이 계속 읽었다. 가끔 다른 사람과 자신의 어린 시절을 회상하며 이야기를 나눴고, 10분 후에는 또 다른 사람과 같은 이야기를 반복했다. 1980년, 그는 요양원에서 생활하기 시작했고, 4년 후에는 당시 거주지와 그의 보호자를 기억하지 못했다. H는 매일 뉴스를 봤지만 1953년부터 최

악은 어떻게 탄생하는가

근 기억을 단편적으로 기억할 뿐이었다. 그동안 사람들이 일상에서 사용하는 용어에 신조어가 많이 생겼다. 하지만 H는 그 단어들을 몰랐고 사람들이 의미 없는 이상한 말을 한다고 생각했다. 수술 후 몇 년 동안 나이와 올해가 몇 년도인지를 물어보면 그는 항상 27세이며 올해가 1953년이라고 대답했다. 그에게 시간은 수술하던 때에 멈춰 있었다. 그래서 노년이 된 후 H는 거울을 볼 때마다 놀랐다. 기억 속의 자신은 50년 전의 젊은 모습이기 때문이다.

이처럼 건망증 환자의 사례를 통해 알 수 있듯이, H를 포함한 모든 건망증 환자는 외현 기억보다 암묵 기억이 더 좋다.

기억은 때로 조작되기도 한다

사람의 뇌가 손상을 입은 후 기억에 문제가 생긴 사례를 알아봤다. 그러면 뇌가 정상적일 때 기억은 전혀 문제가 없을까?

'아니 땐 굴뚝에 연기 날까?'라는 속담이 있다. 일이 일어난 원인은 반드시 존재한다는 뜻이다. 정말 그럴까? 다음의 사례를 살펴보자.

S가 열네 살 때 그의 어머니는 수영장에서 익사했다. 30년이 지난 후 외삼촌의 90세 생신 잔치에서 S는 수영장에서 어머니의

시신을 발견했다는 사실을 듣고 무척 놀랐다.

"아니, 그럴 리가요, 이모가 발견했잖아요. 저는 그 사건에 대한 기억이 전혀 없다고요."

그 후 기억은 천천히 돌아왔고, 타다 남은 숯에서 피어오르는 잔불이 천천히, 예상치도 못하게 들판을 태워 버렸다. 그는 자신이 보였다. 깡마른 검은 머리의 남자아이가 새파랗게 반짝이는 수영장을 뚫어져라 보고 있었다. S의 어머니는 잠옷을 입고 물 위에 둥둥 떠 있었다.

"엄마, 엄마!"

S가 엄마를 부르는 목소리는 점점 더 커지다가 나중엔 날카로운 비명으로 바뀌었다. 그 후 경찰차가 왔다. 경광등이 반짝였고 들것도 왔다. 흰색의 천이 어머니를 덮었다…. S는 어머니의 시신을 발견하던 상황이 기억났다.

S는 그제야 모든 것이 논리적으로 이해가 갔다.

"어쩐지 어머니의 죽음이 항상 나를 괴롭히더라니. 이 기억들이 나에게 있었지만 차마 내가 건드릴 수 없었던 거야. 잊고 있던 기억이 떠오르니 이제 모든 것이 다 갖춰진 것 같아! 또 내가 워커홀릭으로 살라고 나 자신을 압박하고, 삶의 안정감을 느끼지 못하고, 또 조건 없는 사랑을 갈망했던 이유이기도 해."

외삼촌의 생신 잔치 이후 S의 기억은 확장과 팽창이 이어졌고

악은 어떻게 탄생하는가

그 당시의 많은 세부적인 기억이 메워졌다. 어느 날 아침 S의 형이 전화를 걸어서 삼촌이 나이가 너무 많아서 착각했다고 말할 때까지 그런 상황은 점점 더 심각해졌다. 사실 시신을 가장 먼저 발견한 사람은 S의 이모였고, S는 당시 현장에 없었다.

형의 전화로 자신의 기억이 허구라는 사실을 알게 된 S는 그 자리에 멍하게 있었다. 청천벽력 같은 일이었고 끊임없이 팽창되던 기억은 바람 빠진 풍선처럼 쪼그라들었다. 구체적인 이미지는 모호하고 무형인 것보다 더 안정감을 주는 법이다. 최소한 그는 자기 기억의 처음, 중간, 결말이 어떠한지 알 수 있었고, 자신이 왜 지금 이렇게 되었는지 알 수 있었다. 그런 세부적인 기억이 없었다면 그의 마음에 공허함과 슬픔만 차지했을 것이다.

S는 왜 근거 없는 기억이 떠오르고 그 기억에 속았을까? 이를 이해하려면 기억의 운영 방식을 알아야 한다.

사람들은 기억이 대형 도서관과 같다고 생각한다. 많은 양의 정보를 저장하고 있다가 어디든 원하는 부분을 선택하면 정확하고 틀림없이 보여 준다는 것이다. 즉, 기억은 완전하고 정확하게 우리가 체험한 모든 일을 기억한다고 여긴다.

하지만 틀렸다!

제1장 '최강 두뇌'는 어떻게 만들어지는가

단기 기억이 그나마 '정확'하다면 회상(장기 기억)은 퍼즐 조각 같은 기억의 조각을 읽을 뿐이다. 그런 후에 그 조각들을 이용해 과거 사건(생각, 감정, 이미지)을 재건하고, 재건하는 과정에서 실제로 일어난 사건이 아닌 '합리적'이라고 생각하는 방식을 이용해 조각 사이의 공백을 메운다. 그래서 그 안에는 자신의 꿈, 바람, 욕망이 포함된다. 대부분의 경우 재건 작업은 흠잡을 데 없이 완벽하여 자신마저도 어느 부분을 재건한 건지 분간하기 어려울 정도다.

S가 기억에 속은 것은 인간의 '감성'과도 연관이 있다. 사람들은 '시인'이 되는 것을 좋아한다. 같은 일이라도 '진술형'으로 기록할 수 있지만 '스토리형'으로 바꾸고 만다. 그 차이는 무엇일까? 다음의 사례를 보자. 퇴역 노병의 전쟁터에 대한 경험을 진술형과 스토리형으로 작성한 기록이다.

• **진술형 기록** 나는 병사였다. 거기에는 시신이 많았는데, 진짜 시신이었다. 당시 나는 너무 어려서 차마 쳐다보지 못했다. 지금 내가 느끼는 책임감과 슬픔은 면목이 없기 때문이다.

• **스토리형 기록** 그는 생기가 없고 작고 마른 스무 살 남짓의 젊은이였다. 그는 마을과 멀지 않은 곳의 붉은 벽돌로 만들어진 작은 길 가운데 누워 있었다. 그의 아래턱은 목구멍 쪽으로 움푹 들어갔다. 눈 한쪽은 감겨 있

었고 또 다른 눈은 스파이크 모양의 검은 구멍이 나 있었다…. 내가 그를 죽였다.

진술형 기록은 흰 종이에 검은색 글자를 쓴 것처럼 간단명료하다. 언제 어디에서 누가 무슨 일을 했는지 명확하게 기술되어 있다. 스토리형 기록은 이와 달리 색을 입었다. 활기 있고 향기로운 기운을 죽어서 움직이지 않는, 생명이 없는 과거의 시신 껍데기에 주입했다. 사망자를 깨워서 그의 영혼을 다시 주입하는 것 같다. 스토리형 기록을 통해 그때의 나를 다시 상상할 수 있고, 과거의 경험을 다시 느낄 수 있으며, 죽음을 생존으로 바꾸는 등 다른 결말을 생각해 볼 수 있다.

하지만 여기에 아주 심각한 문제가 있다. 뼈에 피와 살을 다시 붙일 때 자신이 엮은 스토리의 포로가 될 위험이 있다. 그렇기 때문에 진술형보다 생생하고 자세한 스토리형 기록을 절대적인 진실로 생각하고 마주한다.

앞서 어머니의 죽음을 목격했다고 착각한 S의 회상을 다시 체험해보자.

"아주 오래전 어느 여름이었어요. 저는 열네 살이었고 어머니, 이모와 삼촌을 보러 갔죠. 날이 맑은 날 아침 저는 잠에서 깼고, 어머니가 수영장에서 익사한 사실을 알았어요."

이는 진술형 기록이다. 스토리형 기록은 다른 형태를 보여 준다.

"제 머릿속에서 그 상황으로 몇 번이나 되돌아갔어요. 그때마다
내용이 조금씩 늘어났어요. 시원한 바람이 지나가는 소나무가 보
였고, 바람과 함께 나뭇잎의 송진 냄새가 풍겨왔어요. 삼촌이 우려
주신 차의 맛도 느껴졌어요. 하지만 어머니의 죽음 자체는 항상 모
호했어요. 어머니의 시신이 보이지 않았고 죽은 모습도 상상이 되
지 않았어요. 어머니와 관련된 마지막 기억은 어머니가 발을 절름
거리며 내 등 쪽으로 와서 나를 안아 주고 '사랑해'라고 속삭인 것
뿐이에요."

우리는 기억과 삶을 어떻게 대해야 할까? 프로이트는 이렇게 말
했다.

"핵심은 무슨 일이 일어났는가가 아니라, 어떻게 기억하는가이
다."

이것이 천국과 지옥을 결정한다.

당신이 본 세상이
전부는 아니다

　예전에 광학과 관련된 수업을 들은 적이 있다. 그때 교수님께서 알려 주신 카메라 렌즈에 관한 설명이 지금도 기억난다.

　"모든 카메라 렌즈는 사람의 눈 구조를 모방했습니다. 사람의 눈은 세계 최고 수준의 첨단 촬영 설비입니다. 어떠한 기기도 사람의 눈을 따라갈 수는 없죠. 카메라 렌즈의 기술력은 사람의 눈과 얼마나 닮았는지에 따라 결정됩니다."

　이번엔 인류의 시각에 대해 알아보자.

우리가 보는 것은 뇌의 산물이다

　심리학 박사과정을 공부하는 사람이 졸업 구술시험에서 이런 문제를 만났다.

"개미는 어디까지 볼까요?"

이 문제를 맞닥뜨린 학생은 당황한 나머지 얼굴이 창백해졌고 끝내 대답하지 못했다.

'나를 골탕 먹이려는 걸까?' 하지만 시험관들은 아주 간단한 문제라는 듯 무덤덤한 표정이었다. 이 대학원생은 곤충의 시각에 관한 지식을 곰곰이 떠올려 봤지만 도무지 생각나지 않았다. 시험관이 미소를 지으며 말했다.

"이론적으로 개미는 14,960만 킬로미터를 볼 수 있습니다. 지구에서 태양까지의 거리이죠."

그것은 당연히 농담이었지만 매우 중요한 점을 알려 준다. 개미가 어디까지 볼 수 있는지, 또는 우리가 얼마나 볼 수 있는지는 시력에 따라 결정되는 것이 아니라 광선이 어디까지 퍼지는지에 따라 결정된다. 우리가 사물을 볼 수 있는 이유는 빛이 우리의 눈에 들어왔기 때문이다. 우리의 눈은 '시선'을 쏘지 못한다.

조금 더 깊이 이야기하자면, 사물을 볼 수 있는 이유는 사물에 반사된 광선이 직사하여 인체의 망막으로 들어오고, 광수용기에 흡수되어 빛 신호가 전기 신호로 전환되기 때문이다.

"어떻게 전기 신호로 바꿔나요?"

이렇게 의문을 품는 사람도 있을 것이다. 물론 이런 전기는 우리가 집에서 사용하는 교류 전기가 아니라 양전기나 음전기를 지닌

이온으로, 이온이 이동하면 미세전류가 발생한다. 이는 세포 간에 정보를 전달하는 방식이기도 하다. 그다음 수평세포Horizontal cell, 양극세포Bipolar cells, 무축삭세포Amacrine cell, 신경절세포Ganglion cell 등이 각각 출동하여 복잡한 절차를 통해 이 신호를 처리하고 우리 머릿속에서 화면을 도출한다.

　현미경으로 카메라를 관찰하면 카메라의 이미지 패널에 똑같은 회로 유닛이 가득 차 있다. 하지만 사람의 눈을 관찰하면 조물주가 인간을 얼마나 사랑하는지 알 수 있다. 인간 망막(이미지 패널)의 광수용기(회로 유닛)가 획일적이지 않고 간상세포(야간 시야 담당)와 원추세포(낮 시야 담당)라는 두 종류의 광수용기가 불균형적으로 분포한다. 대부분의 일상적인 활동(독서 포함)의 경우 간상세포는 이미 출력이 포화 상태라 큰 도움이 되지 않고 원추세포가 신뢰할 만한 신호를 제공한다.

　자신이 철이라고 상상해 보자. 철인 나는 언제나 그렇듯이 움직임 없이 가만히 있는데 물방울이 내 몸에 똑똑 떨어진다. 물방울에 대해 어떤 지각이 있을까? 그렇다. 철은 뇌가 없으므로 어떠한 지각도 있을 수 없다. 하지만 그러한 사실은 잠시 접어 두고 철이 물을 느낄 수 있다면 어떤 일이 일어날지 상상해 보자.

　철의 입장에서 물은 자신을 녹슬게 하는 존재다. 그런데 인류의 시각에서 보면 물은 우리를 녹슬게 하지 않는다. 철을 녹슬게 하는 것은 물 자체의 진짜 속성이 아니고 철만 그렇게 생각한다.

같은 이치로 사람들은 초원의 풀이 녹색이라고 생각한다. 녹색은 빛이 풀에서 반사되어 나온 후 우리 뇌의 신경원과 상호작용하여 형성된 일종의 체험이다. 철도 풀이 녹색이라고 생각할까?

세상에 원래 '녹색'은 없고 우리 마음에만 '녹색'이 있을지도 모르겠다. 철의 세상에서 물은 우리가 인식하는 물이 아니라 그들을 녹슬게 하는 존재인 것처럼 말이다. 쇼펜하우어Arthur Schopenhauer는 이런 말을 했다.

"색은 마음의 산물이지 외부 세상의 산물이 아니다."

진짜 세상이 어떤 모습인지는 알 수 없다. 우리가 아는 것은 그저 우리가 본 세상일 뿐이다. 그러면 '진짜' 세상은 없다고 할 수도 있겠다.

색각은 매우 중요한 감각이자 뇌의 신경 계통의 산물이다. 사실 세상에 '빨간색' 또는 '파란색'의 사물은 없다. 태양 같은 광원이 내보내는 전자 파장 범위는 매우 넓다. 사물 표면의 복사에 대한 반사는 연속적으로 분포되며 눈으로 들어오는 밝기도 연속적이어서 그중 한 구간을 절취할 수 없다. 그런데 사람들은 사물을 빨간색, 파란색, 보라색, 자주색, 진홍색 등으로 말한다. 그 이유는 무엇일까?

이 역시 원추세포 때문이다. 대부분 포유동물은 추상체가 두 종류이지만 사람과 유인원의 추상체는 세 종류다. 각각의 추상체는 다양한 광양자를 수집한 후 비교와 계산을 거쳐 결론을 도출한다. 그것이 바로 우리가 눈으로 보는 색상이다. 그래서 색상 자체는 심도, 파장과 달리 직접적인 물리량이 아닌 인간의 뇌가 만든다.

생물 종마다 추상체의 유형과 수량이 다르다. 따라서 같은 사물을 보더라도 다양한 색상으로 본다. 열한 개의 원추세포를 보유한 새우가 보는 세상은 분명 훨씬 더 화려하고 다채롭다.

내 눈으로 본 것은 다 진짜라고?

'백문이 불여일견'이라는 말이 있다. 사람들은 감각기관, 특히 시각이 제공하는 상황이 진실이라고 굳게 믿는다. 이는 일상적인 대화에서 감각과 연관 있는 단어를 어떻게 사용하는지만 봐도 잘 알 수 있다.

"내가 볼 때 그 사람은 사기꾼이야."
('그 사람의 진면목이 나에게 들통났어'라는 뜻이다.)

"그 사람이 사기꾼이래."

(어쩌면 사실일 수도 있고, 아닐 수도 있어서 조금 더 지켜봐야 한다.)

"그 사람 낌새가 이상해, 냄새가 나."

(의심이 들지만 왜인지 정확하게 말할 수 없어서 조금 더 지켜봐야 한다.)

　법정에서 '목격자'의 증언을 얼마나 중요시하는지도 이 점을 뒷받침한다. 거의 대부분 사람들은 자신이 감지한 것이 가장 신뢰할 만하며, 자신을 절대 속이지 않는다고 믿는다. 정말 그럴까?

　먼저 그림 한 장을 보자. 흰색 격자무늬가 교차되는 부분이 다른 부위에 비해 검게 보이는가? 보고 싶지 않지만 피할 수 없는가?

　이것이 바로 시각의 속임수다. 흰색 격자무늬가 교차되는 부분에 주변보다 더 어두운 점은 사실 존재하지 않는다. 이는 우리 시각의 중요한 착시 현상 중 하나이다. 우리 눈의 광수용기가 경계면 부위의 자극을 최대로 받으려 하면서 동시에 해당 경계면에 인접한 비경계면 부위의 시각적 자극을 억제하기 때문에 발생한다. 한마디로 물체와 물체의 경계를 보다 뚜렷하게 보려는 지각 현상이다. 심리학에서 이를 '외측 억제Lateral inhibition'라고 한다. 일부 시각 신경을 활성화한 후 인접한 신경원을 억제하는 원리다. 그림에서 검게 보이는 점은 검은 네모들이 너무 가까이 인접해 있기 때문이다.

아래의 그림도 관찰해 보자.

어느 선이 더 길다고 생각하는가?

아래에 있는 선이 더 길어 보인다. 이는 '뮐러 라이어 착시 현상 Müller-Lyer illusion'이다. 두 선분 중 한 선분의 양 끝엔 바깥으로 향하는 깃이 있고, 또 다른 선분의 양 끝엔 안으로 향하는 깃이 있다. 전자가 후자보다 더 길어 보이지만 두 선분의 길이는 똑같다.

다음과 같은 그림도 있다.

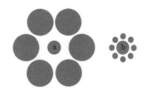

a와 b 중 어느 원이 더 클까?

이 그림은 '에빙하우스 착시Ebbinghaus illusion'다. 두 원의 크기는 같지만 하나는 더 큰 원에 둘러싸였고, 하나는 더 작은 원에 둘러싸였다. 전자가 후자보다 작아 보인다.

다음의 두 그림도 재미있다.

두 눈 중 하나는 높고 하나는 낮아 보이지 않는가? 사실 눈은 수평으로 배열되어 있다. 믿지 못하겠다면 자로 재어 보자.

터널 안의 두 괴물 중 누가 더 커 보이는가?

두 괴물의 크기는 같다. 못 믿겠다면 이 역시 자로 재어 보자.

이렇듯 눈으로 보이는 것이 꼭 사실은 아니다. 우리는 왜 눈의 '속임수'에 당할까? 우선 시각이 감지하는 과정에 대해 알아보자.

나비 한 마리가 우리의 시선으로 들어와 우리에게 식별되기까지는 다음의 과정을 거친다.

- **자극** 눈이 물리적 자극(나비 몸에서 반사되어 나오는 광파)을 받아들인다.
- **에너지 전환** 빛의 파장, 강도 등 정보를 신경 신호(전기 신호)로 전환한다.
- **감각** 신경 신호가 대뇌의 감각피질(Sensory cortex)로 전송되고, 신호는 그곳에서 색상, 명암, 형상, 운동 감각으로 전환된다.
- **감지** 감각과 뇌의 다른 부분의 기억, 기대, 감정, 동기 등이 연계되어 그 사물에 대한 전체적인 감지 결과를 얻는다.

이는 사람들이 이 세상을 직접 체험하는 것이 아니며, 뇌 역시 외부 세계로부터 직접 자극을 받는 것이 아니라 일련의 감각 '필터'를 통해 체험한다는 것을 설명한다. 그 중간의 어느 부분에서 착오가 생기는지에 따라 사물에 대한 최종 감지에 영향을 준다. 또 사람마다 '필터' 장치가 각각 달라서 모두 각자의 세상을 갖는다. 외부 세계의 진짜 모습이 무엇인지는 알 수 없다. 즉, 우리는 우리가 본 것만 볼 수 있다.

뇌가 손상되면 어떻게 세상을 볼까

뇌가 정상적으로 움직일 때도 위에서 살펴본 바와 같이 여러 착시 현상이 나타난다. 그러면 뇌가 손상된 후에는 더 말할 것도 없다. 다음의 사례를 살펴보자.

여성 D는 34세 때 가스 중독으로 죽을 뻔하다가 겨우 살아났다. 하지만 산소 부족으로 뇌에 돌이킬 수 없는 손상이 생겼다.

D는 사물을 볼 수 있지만 식별하지 못한다. 사물을 알고 싶다면 만져 봐야 한다. 그녀는 눈앞에 보이는 연필이 가로로 있는지 세로로 있는지 구분하지 못하고, 본 것이 직사각형인지 삼각형인지도 말하지 못한다. 간단한 그림도 따라 그리지 못하는데, 그

대상이 무엇인지 모르기 때문이다. 하지만 기억에 의존해 사물의 윤곽을 대략 그릴 수 있다.

D는 물체는 식별하지 못하지만 걷는 데는 문제가 없어서 길에 있는 장애물을 피할 수 있고 그녀에게 던진 공이나 곤봉도 받을 수 있다. D의 운동 시각Movement vision은 영향을 받지 않았다.

D에게 왜 이런 문제가 생겼을까? 그녀는 일상생활이 매우 불편한 '물체인식불능Pragmatagnosia'을 앓고 있기 때문이다. 물체인식불능 환자는 사물을 감지하는 과정에서 '자극'과 '에너지 전환' 절차에는 문제가 없지만 세 번째 절차인 '감각'에 문제가 있다. 그들은 신경 신호를 색상, 명암, 형상, 운동 감각으로 전환하지 못한다. 이로 인해 '눈뜬장님'처럼 사물을 보지만 식별할 수 없다.

인식 불능은 D처럼 물체를 인식하지 못할 수 있지만 운동성이나 얼굴을 인식하지 못할 수도 있다.

『아내를 모자로 착각한 남자』라는 책에서 P박사는 '안면인식불능'에 걸렸다. 이는 매우 특이한 질병으로 사물을 식별하고 읽을 수도 있으며, 운동하는 물체를 보는 데도 아무 문제가 없지만, 오직 얼굴만 식별하지 못한다.

P박사는 사람들 앞에서 몸을 일으켜 자신의 모자를 찾았고 손을 뻗어 아내의 머리를 붙잡아 머리에 쓰려고 했다. 아내를 모자로 여

긴 것이다.

누군가 그를 대상으로 실험하기 위해 도형이 그려진 종이를 들고 물었다.

"이게 무엇입니까?"

"당연히 정육면체이지요."

"좋습니다. 그러면 이것은 무엇입니까?"

실험자는 또 다른 종이를 들고 물었다.

"십이면체요. 다른 것은 물어볼 필요도 없어요. 이십면체가 나와도 다 맞히니까요."

P박사는 추상적인 도형을 구분하는 능력엔 전혀 문제가 없었다. 이번엔 실험자가 P박사에게 유명한 배우들이 대거 출연한 영화를 소리 없이 보여 준 후 줄거리에 대해 말해 보라고 했다.

P박사는 배우를 한 명도 알아보지 못했다. 연기자를 모르는 것은 이해할 수 있다. 하지만 영화에 극적인 장면과 우여곡절이 많은 스토리가 있었지만 P박사는 연기자의 표정을 설명하지도, 왜 그런 표정을 짓는지 그 까닭을 파악하지도 못했다. 그는 무슨 일이 일어났는지, 누가 누구인지 몰랐고, 배역의 성별조차 알아보지 못했다. P박사는 이 영화에 대해 엉뚱한 평가만 늘어놓았다.

이처럼 시각만으로도 큰 혼란이 야기되는데 다른 영역의 감각까지 '혼란'스러워진다면 어떻게 될까?

27세의 스웨덴 음악가 S는 '공감각자'다. 그는 여러 감각이 자신의 위치를 벗어나 서로 날뛴다. S는 특정 선율의 구간을 들으면 혀끝에서 어떠한 맛이 느껴졌다. 이런 감각은 일대일 대응으로 이뤄졌다. 즉, 3음계는 단맛이 나고, 7개 반음계는 쓴맛이 나며, 6개 반음계는 아이스크림 맛이 났다. 음조도 C조는 빨간색, F조는 보라색처럼 색이 느껴졌다.

S는 여러 유형의 공감각자 중 한 명일 뿐이다. 냄새를 듣거나, 문자를 맡거나, 11월은 파란색, 5월은 빨간색, 토요일은 분홍색, 수요일은 연두색 등으로 시간의 분류에 따라 색각을 느끼는 사람도 있다. 심지어 특정한 시각적 자극을 통해 열을 느끼기까지 한다.

시각에 관한 내용은 여기까지 하겠다.

뇌가 손상되면
성격이 바뀐다

B는 비범한 사람이었다. 그는 형편이 점점 안 좋아지는 상황에서도 초연하고 유유자적한 태도를 보인다.

우수 직원이었던 그는 어느 날부터 업무 능력이 수직 하향했다. 동료들은 그가 전과 전혀 다른 사람으로 변했다고 생각했다. 사람들과 잘 소통하지 않으려 하고 다른 사람의 제안에 귀도 기울이지 않으며 인사도 잘 받아 주지 않았다. 사장은 그런 그를 보며 이렇게 생각했다.

"어쩌다 이렇게 융통성 없는 사람이 된 거야? 오후 내내 작은 문서와 전혀 중요하지 않은 정보를 분류하느라 푹 빠져 있잖아. 정작 진짜로 중요한 업무는 제쳐 두고 말이야!"

결국 B는 직장을 잃었다. 그는 이성 관계도 원만하지 못했다. 이혼 후 재혼도 했지만 좋은 시절은 오래가지 않았고 또다시 이혼

했다. 자신의 사업을 시작했지만 커다란 실수를 저질러 실패로 끝났다. 그는 모든 재산을 다 탕진하고 가난해졌다. 하지만 B의 지적 능력엔 전혀 문제가 없었고 오히려 매우 똑똑한 사람이었다. 복잡한 연산과 업무를 처리할 수 있으며 매일 정치경제 뉴스를 탐독했다.

주변에 B와 같은 사람이 있는가? 그 사람이 자꾸 머리가 아프다고 하면 어서 병원에 가 보라고 해야 한다. B의 뇌를 스캔해 보았더니 그의 감정 지수가 하락한 이유는 귤 크기의 종양이 눈 위쪽의 전두엽 부위를 누르고 있었기 때문이었다.

B보다 더 심각한 사례도 있다.

1848년 미국 버몬트주의 한 시공팀 팀장이었던 G의 머리뼈에 금속봉이 통과했다. 다행히 목숨은 건졌지만 '10대 기사회생한 사건' 중 하나로 선정되기도 했다.

당시 25세이던 G는 철도 시공을 위한 폭파 작업으로 노반을 평평하게 만들다가 사고가 났다. 그가 금속봉으로 폭발 재료를 적합한 곳에 끼워 넣는 순간 폭발이 일어난 것이다. 금속봉은 예각으로 그의 왼쪽 뺨과 오른쪽 눈을 뚫고 지나갔다. 그렇게 안와를 통과해 머리뼈를 찔렀고, 좌측 전두엽까지 커다란 구멍이 생겼다. 금속봉이 머리뼈를 뚫고 관통한 모습은 마치 머리통을 꼬치로 꿰어놓은 듯했다.

사고가 일어난 후 G는 몇 주간 침대 생활을 하다가 기적처럼 회복했다. 부상으로 인한 감염도 사라졌다. 그는 걷고 말할 수 있었으며 수학 문제를 풀거나 예전 일도 기억할 수 있었다. 다만 그의 인격과 성격이 완전히 변했다. 사고가 일어나기 전 G는 매우 상냥하고 예의 바르며 우호적이고 카리스마가 있었다. 하지만 몸을 회복하고 나서 그는 오만하고 고집이 세며 충동적이고 거칠고 이기적인 사람으로 변했다. 뇌가 손상되면서 좋은 사람이 못된 사람으로 변한 것이다. 그의 동료들은 더는 참지 못했고 '그는 더 이상 G가 아니다'라고 평가했다. 그리고 그는 12년 후 사망했다.

왜 뇌가 손상되면 성격이 변할까? 이는 정서의 '출생'부터 이해해야 한다.

정서는 어떻게 만들어지는가

사람들은 정서가 생기는 데는 다 이유가 있다는 것은 알지만 어떻게 생기는지는 모른다. 이제 '정서 가공 공장'의 내부로 들어가

악은 어떻게 탄생하는가

서 정서가 어떻게 발생하는지 알아보자.

요컨대 정서를 '제조'하려면 네 단계의 합이 맞아야 한다.

- 생리적 자각
- 인지 해석
- 주관적 체득
- 행위 표현

정서 중에서도 가장 익숙한 공포를 예로 들어 보자.

개가 나를 향해 계속 짖어대면 무서운 기세에 깜짝 놀라기 마련이다. 그리고 공포 반응을 책임지는 뇌의 부위(편도체 등)가 바로 경고를 보낸다.

"큰일 났다! 문제가 생겼다!"

이 경고는 신체의 두 계통(식물신경계와 내분비계)을 통해 전신으로 퍼지고, 신체의 각 부위는 경보를 받고 바로 고도의 경계 태세로 돌입한다.

위는 혈액을 제거한다. 평소 우리가 무섭거나 긴장할 때 복부가 수축하는 느낌을 받는 이유다. 얼굴의 혈관이 수축한다. 이 때문에 사람들은 공포를 느끼면 안색이 창백해진다. 상황을 더 잘 보기 위해 동공이 확장되고 눈이 커져서 더 많은 광선을 받아들인다. 뇌는 신속한 판단을 위해 도파민류 물질을 방출하여 정신을 고도로 집중시킨다. 언제든 뛰어갈 준비를 하기 위해 근육, 특히 하지 근육의 혈액량이 증가한다. 이것이 바로 생리적 자각이다.

생리적 자각이 일어난 후 곧 눈앞의 상황을 고민하고 생각하는 것이 인지 해석이다. 개가 이렇게 무섭게 짖는 것은 무엇을 의미할까? 나를 물려는 걸까? 물리면 어떻게 해야 할까? 많이 다칠까? 아플까? 죽게 될까? 위험한 상황을 많이 생각할수록 점점 더 무서워진다.

'생각'을 마친 후 온몸은 강렬한 공포감에 젖어 들고 그 최고치를 경험한다. 이것은 주관적 체득이다. 이때 뇌는 과거 난폭한 개를 만났을 때의 느낌을 회상해서 공포감을 더할지도 모른다.

마지막으로 정서는 행위까지 일으킨다. 난폭한 개를 만난 후 싸우거나, 도망가거나, 그대로 얼어 버리는 등의 반응을 보인다. 이는 다른 영역의 상황에 따라 달라진다. 신체적으로 건장한 사람이라면 개와 한바탕 싸우기로 결심하고 개에게 달려가 마구 때려 줄 것이다.

"감히 나를 건드릴 생각을 해? 가만두지 않겠다!"

건장한 신체는 아니어도 체력이 좋다면 몸을 돌려 열심히 도망갈 것이다.

"나중에 보면 꼭 가만두지 않겠다. 우선 도망치고 보자!"

악은 어떻게 탄생하는가

둘 다 아니라면 겁을 먹고 하반신의 혈액이 부족해서 그 자리에 넘어지곤 큰 소리로 울 것이다.

"엄마야, 살려 줘!"

네 가지 과정을 길게 말했지만 이는 한순간에 일어나는 일이다. 그런데 뇌의 손상으로 편도체가 망가졌다면 위험한 상황을 만나도 신체는 전혀 반응하지 않는다. '인지 해석'에 문제가 생긴다면 상황의 위험성을 의식하지 못하고 '개가 짖든지 말든지!'라고 생각한다. 이 두 단계는 어느 부분에 문제기 생기든 '공포'의 맛을 느끼지 못하고 그에 상응하는 행위를 하지 못해 위험에 처할 수 있다.

기쁨, 분노, 질투 등 다른 정서도 공포와 마찬가지이다.

우리가 잘 몰랐던 정서의 중요한 기능

뇌에서 시각의 '불꽃'이 일어나는 이유는 외부의 정보를 포착해야 하기 때문이다. 뇌가 기억의 '불꽃'을 일으키는 이유는 외부의 정보를 이용해야 하기 때문이다. 시각과 뇌는 필수품이다.

그렇다면 뇌는 정서를 어떻게 활용할까? "정서는 위험을 피하는 데 사용하지요."라고 말하는 사람도 있다. 그렇다면 인류는 공포라는 정서만 있으면 되는데 행복, 슬픔, 부끄러움을 포함한 다른 정서는 왜 있는 걸까? 그 이유는 바로 인간이 높은 차원으로 진화한 산물이기 때문이다. 사람들에게 잘 알려지지 않은 정서의 기능이 있는데, 바로 도덕적 판단이다. 아래의 상황을 보자.

• 트롤리 딜레마

당신은 레일 변환기를 조작하는 기사다. 그때 트롤리의 제동장치가 고장 나서 전속력으로 갈림길을 향해 달리고 있는데 앞쪽 궤도에 인부 다섯 명이 서 있다. 이 다섯 명이 다치지 않도록 보호할 수 있는 유일한 방법은 레일 변환기로 트롤리의 방향을 바꾸는 것이지만 그러면 또 다른 궤도에 있는 인부 한 명을 죽일 수 있다.

당신은 어떻게 할 것인가?

• 육교 딜레마

당신은 트롤리 위쪽의 육교에 서 있다. 그런데 트롤리 한 대가 제어력을 잃고 궤도에 있는 인부 다섯 명을 향해 속도를 높이고 있다. 그때 당신 옆에 커다란 체격의 남성이 서 있고, 그는 난간에 기댄 채 몸을 내밀어 트롤리를 보며 그 다섯 명에게 소리를 지르고 있다. 당신이 그를 살짝 밀면 그는 트롤리 앞의 궤도로 떨어진다. 그의 체격이 크기 때문에 트롤리가 다섯 명과 부딪히는 사고를 막을 수 있다.

이 남자를 육교 아래로 밀어 떨어뜨릴 것인가? 아니면 인부 다섯 명이 죽도록 할 것인가?

• 구명보트 딜레마

당신이 다섯 명과 구명보트에 탔는데 탑승자가 너무 많아서 보트가 가라앉기 시작했다. 이때 한 사람을 끌어 내리면 구명보트는 가라앉지 않고 다른 사람들은 구조될 수 있다.

이런 상황에서 한 사람을 물로 밀어내겠는가?

• 병원 딜레마

당신은 외과 의사다. 당신의 환자 다섯 명은 장기이식을 받지 않는다면 곧 죽는다. 환자마다 각각 다른 장기가 필요한데 장기를 기증할 수 있는 사람을 찾지 못했다. 마침 이때 찾아온 방문자가 다섯 환자와 조직 유형이 잘 맞는다. 당신은 이 사람을 희생시켜서 그의 장기로 다섯 사람을 구할 것인가?

트롤리 딜레마, 육교 딜레마, 구명보트 딜레마에서 한 사람의 희생을 통해 타인을 구하는 것을 선택하는 사람은 거의 없을 것이다. 또한 병원 딜레마에서 한 사람을 희생시켜서 다른 다섯 사람에게 장기이식을 해 주는 데 동의하는 사람도 거의 없을 것이다.

육교 딜레마, 구명보트 딜레마, 병원 딜레마, 트롤리 딜레마는 모두 한 명을 포기하고 다섯 명을 살린다는 것으로, 결과는 같다. 그렇다면 왜 사람들은 모두 '아니다'를 선택할까?

현실에서 정서가 우리의 도덕적 선택에 영향을 미치는 경우는 매우 흔하다. 가장 대표적인 경우가 전쟁이다.

제2차 세계 대전이 발발했을 때 미국 육군 준장 마샬(그 유명한 마샬 장군이 아니다)이 전쟁에 참여한 지 얼마 안 된 신임 병사 수천 명을 상대로 조사를 진행했다. 결과는 아주 놀라웠다. 자신이 공격을 받는 상황에서도 20%의 병사만 적에게 총을 쏠 거라는 것이었다. 마샬이 말했다.

"그들은 피살이 아니라 살육에 공포를 느낀다. 이는 전쟁이 실패하는 가장 흔한 개인적인 사유다."

사병들이 어쩔 수 없이 다른 사람에게 상해를 입힐 수도 있는 상황에 놓였을 때 앞에서 언급한 것과 유사한 딜레마에 빠진다. 윤리적인 선택을 앞두고 그들의 정서는 그들이 손을 쓰지 못하도록 막는다. 마샬은 이렇게 말했다.

"전투 중 생사의 갈림길에서 병사들은 '양심적 병역 거부자'가 되었다."

1947년 이 연구 성과가 발표된 후 미국 육군은 문제의 심각성을 의식했다. '발포율'을 높이기 위해 미국 육군은 훈련 시나리오를 조정해서 신병에게 쉬지 않고 '살인'을 연습시켰다. 시간이 흐른 뒤 사병들은 살육에 무덤덤해졌고 조건 반사가 생겨서 적만 보면 발포하여 죽였다. 미군은 전술도 조정했다. 고공 폭격과 원거리 대포를 많이 사용해서 병사들이 사망에 직접 대면하는 상황을 피하게 했다. 4만 인치의 고공에서 폭탄을 떨어뜨리면 지상에서 어떤 광경이 펼쳐지는지 누가 볼 수 있겠는가.

새로운 훈련 방식과 전술은 효과가 탁월했다. 사병들은 발포할 때 다시는 강렬한 정서적 자극을 느끼지 않았고 '살인 기계'로 훈련됐다.

적이자 친구 관계인 정서와 이성

정상인의 뇌에는 '정서적' 뇌와 '이성적' 뇌가 존재한다. 사람들은 정서와 이성이 서로 대립하고 조화롭지 못하다고 여긴다. 또 정서적 뇌를 좋게 여기지 않고 다음과 같은 예측 불가능한 재난적인 결과를 가져온다고까지 생각한다.

1949년, 미국 몬태나주의 여름은 길고 건조했다. 나무와 들판은 언제 불이 일어나도 전혀 이상하지 않을 정도였다. 8월 5일은 이 지역에서 날씨를 기록한 이래 가장 무더운 날이었다. 오후가 되자 정전기가 나뭇가지에 불을 일으켰고 곧 화염이 번지기 시작했다.

소방 경력 9년 차의 화재 진압 전문가이자 삼림 소방대원 팀장인 D는 팀원들과 함께 화재 진압을 위해 이곳에 파견됐다. 불이 붙은 곳은 만 굴치Mann Gulch 근처였다.

협곡인 만 굴치는 로키산맥과 대평원의 두 지형이 교차하는 곳이었다. 로키산맥 쪽에서 일어난 불은 소방대원들이 도착했을 때 이미 통제할 수 없는 수준이었다. D는 화염이 산꼭대기에 있는 가장 높은 나무를 집어삼키는 것을 보고 불기운이 심상치 않다고 느꼈다. 일단 이런 상황이 나타나면 주불은 더 태울 것이 없어서 많은 양의 에너지를 빠르게 방출하고 고온의 타다 남은 재가 하늘에 날려 '불 비'가 내린다. 마치 화산이 폭발한 것처럼 사방에 불티가 뿌려진다. D는 긴급히 소방대원들을 이끌고 협곡으로 내려가 맞은편의 초원과 물이 있는 쪽으로 전진했다.

그때 시각은 오후 5시였다. 실외 화재 진압이 매우 위험한 때였다. 노을이 질 때 바람이 갑자기 방향을 바꾸기 때문이다. 예상대로 바람이 갑자기 방향을 바꾸었고 주불은 소방대원들을 덮쳤다. 소방대원들은 급히 몸의 장비를 벗어던지고 전력을 다해 맞은편의 초원으로 달려갔다. 이때 상승기류가 나타나 바람은 더 세졌고, 주불은 매우 빠른 속도로 소방대원들에게 다가왔다. 주불의 중심 온도는 1,800℃로 암석도 녹일 정도였다.

악은 어떻게 탄생하는가

소방대원들은 험준한 협곡 언덕을 따라 위로 도망가 맞은편의 평지로 오르려 했다. 하지만 뜨거운 공기가 계속 상승했고 협곡 언덕에서 불의 확산 속도는 평지보다 훨씬 빨랐다. 언덕 경사가 50°일 때 불의 확산 속도는 평지의 9배인데 만 굴치 협곡의 언덕 경사는 76°였다.

바람의 방향이 역전되었을 때 주불은 그들로부터 겨우 몇백 미터 거리에 있었다. 몇 분을 달리던 D가 고개를 돌아보니 주불과 자신의 거리는 고작 50미터였고 계속 빠른 속도로 디가오고 있었다. 공기 중의 산소도 점차 주불에 흡수되어 산소가 부족해졌다. D는 주불을 피할 수 없으리라는 걸 깨달았다. 산은 너무 가팔랐고, 불은 너무 빨랐다.

D는 발을 멈췄다. 불이 그에게 점점 가까워졌지만 그는 그 자리에서 움직이지 않았다. 그는 대원들에게 소리쳤다.

"멈춰, 도망가지 마, 모두 멈춰!"

D는 그들이 죽음으로 달려가고 있다고 생각했다. 30초도 안 돼서 주불은 그들을 열차처럼 누르고 지나갈 것이다. 하지만 아무도 멈추지 않았다. 그 누구도 D의 목소리를 듣지 못한 건 주불이 내는 굉음 때문일 수도 있다. 아니면 그들이 '멈추라'는 생각을 받아들이지 못해서일 수도 있다. 뒤를 바짝 쫓아오는 불 앞에서 뛰는 것도 급한데 멈추라고 하니 정말 어리석은 행동이라고 생

제1장 '최강 두뇌'는 어떻게 만들어지는가

각했을 것이다.

하지만 D는 생존할 방법을 생각해 냈다. 그는 성냥을 그어 앞쪽의 풀밭에 불을 냈다. 불은 공터를 태웠고 그는 안으로 들어가 누워서 몸을 바닥에 바짝 붙였다. 그러고는 젖은 손수건으로 입과 코를 막고 지면의 얼마 남지 않은 산소를 힘껏 들이마셨다. 그는 그렇게 불이 자신을 지나가길 기다렸다. 공포의 몇 분이 지나간 후 D는 잿더미 속에서 일어났다. 그는 살아남았다.

이 대형 화재에서 13명의 소방대원이 목숨을 잃었고 D를 제외한 2명만이 살아남았다. 그들은 산언덕에서 갈라진 틈을 발견하고 들어가 몸을 숨겼다. D의 예상대로 불을 피한 사람은 없었다. 이후 소방대원이 목숨을 잃은 곳에는 흰 십자가를 꽂아 애도했다. 십자가는 모두 협곡 평지 아래에 있었다.

D가 화재 중 사용한 대피 방법은 현재 표준화된 소방 기술로 갑자기 방향을 바꾼 불에 포위된 수많은 소방대원을 구했다. 하지만 당시에는 그가 정말 '미친 사람'으로 보였다. 그의 대원들은 이 불바다를 피해 어떻게 도망갈지 생각했지만 그는 오히려 불을 놓았다. 수년간의 화재 진압 경력이 있는 생존자는 나중에 이렇게 말했다.

"D가 도망가지 않는 것을 보고 그가 제대로 미쳤다고 생각했어요!"

하지만 D는 냉철했고 결정적 시기에 가장 현명한 결정을 내렸다. 그렇게 행동한 건 그의 경험 덕분이다. 당시 소방대원 대다수는 10대 실습생이어서 화재를 몇 차례 진압해 봤지만 그렇게 큰 불은 본 적이 없었다. 하지만 D는 최고의 전문가였고 삼림의 불이 어떤지 알고 있었다. 또 D의 이성적인 사고로 불이 주는 공포감을 이긴 덕분이기도 하다. 그러지 않았다면 D는 다른 대원처럼 협곡 평지가 너무 멀다는 사실을 알면서도 본능대로 도망가기만 했을 것이다.

이렇게 보면 '정서적 두뇌'는 별로 유용한 것 같지 않다. 그럼 아예 없는 것이 좋을까? 정서보다 이성만 강하면 무슨 일이 일어나는지 다음 사례를 살펴보자.

G는 어렸을 때 동물을 괴롭히는 것이 좋았다. 그는 철사 집게로 쥐를 잡아서 가위로 쥐를 산 채로 잘랐다. 그는 피와 내장을 봐도 전혀 괴롭지 않았고 비명을 들어도 아무렇지 않았다. 그에게 학대는 일종의 즐거움이었다.

성인이 된 후 G는 성공한 사업가가 되었다. 그는 공익사업에도 열심이었고 어려운 가정을 계속해서 도왔다. 동시에 그는 전형적인 좋은 남편, 좋은 아버지였다.

하지만 이러한 정상적인 겉모습은 G가 심혈을 기울여 엮어 낸 가짜 이미지였다. 어느 날, G의 아내는 지하실에서 풍겨오는 자극적인 냄새를 맡았다. G는 죽은 쥐나 오수가 누출된 것이라고 말하고 석회 25킬로그램을 사서 냄새를 없애려 했지만 소용없었다. 시멘트로 지하실을 다시 덧칠했으나 이마저도 소용없었고, 냄새는 계속 공기 중에 은근히 배어 있었다. 냄새의 원인은 부패한 시신에서 나는 것이었다.

1980년 3월 12일, G는 33명의 남자아이를 살인한 죄로 재판을 받았다. 그는 남자아이들에게 돈을 주고 성매매를 한 후 거실에서 그들을 죽였다. 그는 양말로 그들의 입을 막고 밧줄로 목을 졸라 죽인 후 오밤중에 시신을 버렸다. 경찰은 G의 집을 수색해 차고, 지하실, 뒤뜰 등 여기저기에 흩어진 뼈를 발견했다. 시신은 얕은 곳에 묻혀 있었다.

G는 반사회적 인격 장애자였다. 사건이 일어난 후 정신과 의사가 연구한 결과 G의 기억에는 문제가 없고 지적 능력과 언어 능력도 정상이며 치밀하게 계획을 세울 수 있다는 점도 발견했다. G는 범죄를 저지르기 전에 치밀하고 완벽하게 사전 준비를 했는데 이는 그가 오랜 시간 법망을 피할 수 있었던 이유이기도 하다.

G의 유일한 치명적인 결함은 정서적 두뇌가 망가졌다는 것이었

다. 그래서 그는 후회, 슬픔, 희열을 느낀 적이 없고 화를 내거나 크게 분노한 적도 없었다. 그의 내면세계는 성적 충동과 냉혹한 이성뿐이었다.

이러한 '감정 무능'은 반사회적 인격 장애자의 전형적인 모습이다. 일반인은 낯선 사람이 괴롭힘을 당하는 영상을 보면 차마 보지 못하고 힘들어하며 손에 땀이 나고 혈압이 상승한다. 하지만 반사회적 인격 장애자는 그런 영상을 봐도 아무것도 느끼지 못해서 마치 하얀색 화면을 보는 듯하다. 일반인은 거짓말을 할 때 긴장감을 보인다. 거짓말 탐지기는 그런 증상을 측정한다. 하지만 반사회적 인격 장애자는 거짓말 탐지기를 속이고 얼굴빛 하나 변하지 않고 거짓말한다. 범죄학자는 매우 잔혹하게 아내를 구타한 범죄자들을 연구한 결과 그들의 공격성이 강해지면서 혈압과 맥박은 반대로 낮아진다는 사실을 발견했다. 폭력을 행사할수록 침착해지는 것이다.

이렇게 정서만 있거나 혹은 정서가 없는 것, 둘 다 안 된다. 정서와 이성은 흑백의 태극 문양처럼 서로 제어하면서 조화를 이뤄야 한다.

죽은 것과
다름없는 사람들

지금까지 시각, 기억과 정서에 대해 이야기했다. 이제 인류 두뇌의 최첨단 부분인 '의식'에 대해 생각해 보자.

의식이란 무엇인가?

"어떤 사람이 좋아?"라는 질문을 받았을 때 사람들은 이렇게 대답하기도 한다.

"그건 잘 모르겠지만, 적어도 내가 어떤 사람을 좋아하지 않고 호감이 없는지는 알아!"

그렇다면 아주 간단하다. 좋아하지 않고 호감이 없는 사람을 배제하고 남은 사람이 바로 좋아하는 사람이다. 같은 방식으로 나도 의식이 존재할 때 어떤 모습일지는 뒤에서 이야기하고 일단 의식이 사라졌을 때 어떤지 먼저 이야기해 보겠다.

1초 만에 '좀비'가 되다

의식이 사라지면 잠재의식만 작동하는데 이는 좀비와 다름없다. 어떤 의미에서 말하면 좀비의 행위는 반사 작용과 매우 닮았다. 갑자기 눈앞에 뭔가가 다가오면 눈을 깜박이고, 호흡이 막히면 기침을 하며, 먼지 때문에 코가 간지러우면 재채기를 한다. 생각하지 못한 소음이나 갑작스러운 움직임이 있으면 깜짝 놀란다. 의식이 있든 없든 사람들은 이렇게 행동한다. 이런 반사적인 동작은 두뇌의 잠재의식 계통에 의지해 매우 빠르게 자동적으로 이뤄진다. 하지만 의식이 존재하면 정서적인 피드백이 있다.

'바보, 하마터면 눈에 들어갈 뻔했잖아!'

'아야, 숨 막혀 죽을 것 같아!'

'재채기를 하고 나니 아주 시원하네!'

하지만 의식이 사라지면 이러한 동작은 그저 기계적인 행위일 뿐 어떠한 의미도 갖지 않는다.

여기에 의문을 품는 사람이 있을지도 모른다.

"사람에게 의식이 없다면 보더라도 봤다고 할 수 없는데 '반사 작용'이 있다고요?"

이는 시각이 의식 안에 일부 존재하지만 잠재의식 안에서도 일부 존재하기 때문에 가능하다. 이 점은 앞에서 언급한 기억과 같은 이치다. 기억도 외현 기억과 암묵 기억으로 나뉘듯이 말이다.

좀비가 된다고 해도 1초 만에 바닥에 쓰러지지는 않는다. 잠재의식 역시 우리를 도와 머리, 사지, 신체의 자세를 제어하기 때문이다. 횡단보도에서 한 무리의 사람들이 지나갈 때 우리의 몸, 다리, 팔은 계속해서 조정하여 꼿꼿함을 유지하고, 다른 사람에게 닿지 않도록 한다. 이러한 동작은 일부러 생각할 필요 없이 자연스럽게 나오는 행동으로 신경과 근육이 협조하여 적절하게 움직인 결과다. 이렇게 뛰어나고 정교한 움직임은 오늘날의 기계가 할 수 있는 수준을 능가한다.

걸을 때도 정상적으로 걸을 수 있지만 어디로 갈지는 모른다. 의식이 없으면 생각과 목표가 없기 때문이다. 그렇다면 어디를 걸어왔을까? 역시 모른다. 기억이 없다기보다 기억하지 못했다고 하는 편이 낫겠다. 의식이 없으면 의미를 이해하지 못하고 의미 없는 정보는 장기 기억으로 저장되기 어려워 눈 깜짝할 사이에 잊어버린다.

대학교 기숙사의 같은 방에서 생활하는 여학생들이 같은 시기에 생리를 하는 경우가 있다. 정말 신기하지 않은가? 그 이유는 뭘까? 이에 대해 실험한 연구 결과가 있다. 여학생 A의 겨드랑이에서 냄새가 없는 어떤 물질을 여학생 B의 입술에 묻혔다. 그 결과 B의 월경 주기가 당겨져 A와 비슷해졌다.

B가 맡은 이 물질은 바로 페로몬이다. 페로몬은 겨드랑이에서 많이 분비된다. 남성은 테스토스테론과 같은 물질을 분비하고, 여성은 페로몬류를 분비한다. 명확히 해야 할 점은, 페로몬은 액취(겨드랑이에서 나는 냄새)가 아니다. 페로몬은 사람들 신체 표면에서 분비하는 휘발성 물질로 공기를 통해 무의식적으로 전파하는 신호다. 이를 통해 상대방은 '암암리에' 영향을 받아 성적 욕구 상승, 월경 주기 동일화 등 생리적으로 변화가 발생한다.

사람은 의식이 사라진다고 해도 여전히 냄새를 맡을 수 있다. 하지만 맡은 냄새에 대해 서술하거나 기억할 수 없고 식별할 수도 없다. '좀비'의 예가 알려 주는 것이 있다. 의식의 소실은 대부분의 감각과 지각의 존재에 영향을 주지 않는다. 한편 의식이 소실되면 감각과 지각은 뭔가 부족해 보인다.

무엇이 부족한 걸까? 눈치가 빠른 사람이라면 '연결성'이 부족하다는 점을 발견했을 것이다. 즉 감각, 기억, 정서 등은 의식이 부재하면 각자 따로 논다. 이는 '좀비'들이 어떠한 현상에 대해 정서적인 반응을 보이지 않는 이유다. 정서적으로 반응이 없으면 의미가 있기 어렵고 기억하기 어렵다. 따라서 좀비가 되면 '순박'하고 '천진'해지고 그들의 세상은 공허하다.

의식은 심리의 '회의실'과 같다. 이곳에서 감각은 기억, 정서, 동기 등 기타 심리 과정과 연계된다. 사람들은 책을 볼 때 기억 속에서 그 의미를 찾고, 친구를 만날 때 그것과 즐거운 감정을 연계한다.

의식은 심리의 회의실과 같다

그러면 의식은 무엇을 통해 작용할까? 실험을 하나 해 보자.

이 그림 가운데의 알파벳 X를 눈을 움직이지 말고 쳐다보자. 그런 다음 오른쪽의 알파벳 G부터 시작해서 시계 방향으로 안구는 그대로 두고 주의력을 조금씩 이동하여 그림 전체의 알파벳을 볼 수 있는지 알아보자.

실제로 알파벳 R, G, K를 동시에 봤을 것이다. 하지만 모든 알파벳을 절대 동시에 볼 수는 없다. 당신의 시력에 문제가 있는 것이 아니라 그것들까지 주의를 기울이지 못하는 것이다.

이 '주의Attention'가 바로 의식의 대장이다. 의식이 외부의 정보를 얻으려면 '주의'에 의존해야 한다. 우리는 매일 엄청난 양의 외부 정보를 받아들여서 듣고, 보고, 맡고, 부딪친다. 그 정보 중에서 '주의'하여 선택한 것만 의식 영역으로 보내 처리하고 뇌에서 유용한 정보로 전환된다. 이는 채용 과정과 비슷하다. 하나의 자리를 두고 수백만 명이 인터뷰를 진행하고 가장 적합한 사람을 선발한다. '주의'는 의식이 정보의 바다에서 침몰되지 않기 위해서 존재한다.

보통 '주의'는 의식의 선택을 따른다. 하지만 뇌가 다친다든지 하는 일부 상황에서 '주의'는 맡은 바 직무를 제대로 하지 못한다.

• 편측 무시 Neglect

대뇌 우반구에 손상을 입은 환자는 대개 '공간 무시증'을 앓는다. 왼쪽 신체 또는 물체(좌반구 손상은 우측에 대한 무시가 일어나는 경우가 매우 적다)를 무시한다. 이 질병이 있는 사람은 그의 왼쪽에 있는 대상을 주의하지 못하고 공간의 왼쪽도 탐구하지 못한다. 그래서 왼쪽의 문틀에 부딪히거나 접시에서 왼쪽에 있는 음식은 먹지 않는다. 누군가 왼쪽에서 다가가도 인지하지 못한다. 또 편측무시를 앓는 남성이 여자 화장실로 들어간다면 왼편 간판의 'women(여자)'이라는 글자를 못 봤기 때문이다.

여기에서 '무시'는 보지 않는 것과는 다르다. 그 사람에게 본 물체가 무엇인지 물어본다면 정확하게 대답하여 전체적인 도형을 알 수 있다. 하지만 그 사람에게 도형을 도려내라고 하면 그는 오른쪽 부분은 도려내고 왼쪽 부분은 비정하게 무시한다.

• 변화 맹시 Change blindness

'다른 그림 찾기' 게임은 앞에 있는 비슷한 그림 두 장 사이에서 다른 점 몇 부분을 찾는 것이다. 그런데 어디가 다른지 찾지 못한다면 '변화 맹시' 때문이다.

마술은 우리의 '주의'라는 결함을 이용해 세상을 속인다. 마술쇼에는 화려하고 반짝이는 옷을 입은 예쁜 여자 조수가 항상 등장한다. 그녀의 일거수일투족이 우리의 주의력을 분산시키거나 마술사가 아주 과장된 동작을 하며 정신없게 만든다. 동시에 두 곡을 감상할 수 없는 것처럼 사람의 주의 범위도 한계가 있다. 우리의 주의력이 분산될 때가 마술사가 마술에 성공하는 순간이다.

외부의 세상, 내부의 세상

다음 그림은 이토 준지의 만화 『공포의 물고기』에 나오는 인물 이미지다.

악은 어떻게 탄생하는가

『공포의 물고기』는 일본이 '제2차 세계 대전' 당시 개발에 실패했다고 판단한 후 무인도에 폐기한 바이러스가 유출되면서 물고기의 몸에 붙어 변이를 일으킨다는 내용이다.

변이가 일어난 물고기의 몸에서 '다리'가 자라고, 몸이 썩고 팽창하며, 악취와 함께 가스를 배출한다. 다리는 가스를 에너지로 삼아 걸어 다니고 뭍에 오른다. 물고기의 육신이 다 썩은 후 다리는 인류를 포함한 새로운 에너지원을 찾는다.

그림에서 볼 수 있듯이 기계 다리는 관을 인간의 몸에 삽입하고 인체에서 뿜어져 나오는 악취를 이용해 움직인다. 이 작품은 인류가 만들어 낸 환경오염을 풍자하여 기괴하고 기이하면서도 매우 풍부한 상상력을 자랑한다.

돌연변이 물고기는 외부에 실재하는 존재가 아니라 인간의 상상에서 비롯된다.

상상, 우리는 이미 뇌의 가장 수준 높은 영역인 창조 영역으로 왔다. 의식은 우리가 진짜 세상을 기초로 하여 두뇌에서 조작할 수 있는 가상 세계를 만들도록 허용한다. 이 역시 우리 인류가 기타 생물과 다른 점이기도 하다. 우리는 처한 환경의 제약을 받거나 자극에 단순히 반응하는 것이 아니라 기억을 이용해 두뇌에서 모형을 창조하고 그 모형을 통해 과거의 장면을 회상하며 미래의 모습을 모색하고 현재의 공간에서 자유롭게 날아다닌다.

의식에 이러한 특성이 있기 때문에 이 책의 내용을 각자의 상황과 연계해 볼 수 있다. 예를 들면, 친구의 옷차림이나 헤어 스타일이 마음에 들지 않으면 단순하게 조건반사하듯 직언하는 것이 아니라 머릿속에서 어떻게 말해야 목적을 달성하고 서로의 우정도 유지할지 고려한다.

여기까지 뇌에 관한 이야기는 끝났다. 뇌가 어떻게 위풍당당한지, 또 어떻게 어리숙한지 일목요연하게 정리했다.

뇌는 세상의 모든 기계와 마찬가지로 완벽하지 않다. 조물주의 섭리다. 조물주는 우리에게 우위를 부여함과 동시에 단점도 주었고 그 둘은 서로를 제약한다. 하지만 사람들은 끊임없이 '완벽함'을 집요하게 요구한다. 출중한 외모, 뛰어난 재능, 재력을 갖춰야 하면서도 여유가 있어야 하고 사랑받아야 한다. 하지만 그들이 잊고 있는 것이 있다. 인생은 완벽하지 않다. 신체를 구성하는 핵심인 뇌도 결함이 있는데 본래 존재하지도 않는 '완벽함'을 힘들게 추구해야 할까?

그래서 뇌가 작동하는 방식을 알아야 한다. 안구의 구조를 보면 아래 그림처럼 '중심와(황반)'와 맹점이 있다.

중심와가 있는 곳에 추상체가 가장 많아서 물건을 뚜렷하게 볼 수 있다. 하지만 중심와에서 멀지 않은 곳에 맹점이 있다. 이곳은 추상체가 없어서 이미지를 형성할 수 없다. 평소 사물을 볼 땐 맹점의 존재를 느끼지 못하고, 특수한 실험에서만 맹점의 정체가 드러난다. 이는 뇌가 우수한 정보 처리 능력을 이용해서 맹점 근처의 이미지 정보를 근거로 맹점 위의 이미지를 자체적으로 보완하기 때문이다. 맹점은 존재하지만 우리는 영향을 받지 않는다.

뇌의 이런 방식이 알려 주는 사실이 있다. 편안하고 안락하게 살고 싶다면 결점을 숨기고 제거하는 것이 아니라 장점을 확대하고 이용해야 한다는 것이다. 얻지 못한 것을 추구하지 말고 이미 가지고 있는 것을 소중히 여겨야 한다는 말이다.

악은 어떻게 탄생하는가

외딴 별에서 온
고독한 사람

영화 〈호스 위스퍼러The Horse Whisperer〉에서 호스 위스퍼러는 말과 소통하며 말이 어두운 상처와 고통에서 천천히 빠져나와 회복하도록 돕는다. 그런데 현실에서는 누가 우리를 대신해 동물과 소통하고 동물을 잘 이해하도록 도와줄까?

동물들은 무척 예민한 감각을 지녔다. 인간을 포함해 '심상적 사고'에 능한 동물은 작은 감각에도 예민하게 반응한다. 다음의 사례를 통해 이 점을 증명할 수 있다.

뛰어난 인테리어 디자이너가 있었다. 그에게 최악은 꼼꼼하지 못한 하청업자와 협력하는 일이다. 그의 눈에는 하청업자가 작업 중 빠트린 부분이 다 보이기 때문이다. 벽에 바른 시멘트가 평평하지 못한 문제는 평범한 사람이라면 알아차리기 어렵다. 하지만 심상적 사고를 잘하는 그는 동물과 비슷하게 이 하자가 눈에 거슬리고 불편하여 쉽게 예민해진다. 또 그는 자신이 남들보다 뛰어난 실력을 갖추고 있으며, 그 덕분에 작업이 순조롭다는 점도 알고 있다. 그는 보통 사람이 관찰하지 못하는 디테일을 관찰하는 장점을 소유했다.

여기에서 하나의 결론에 도달한다. 동물은 '심상적 사고'를 통해 사고한다. 자폐증 환자도 주로 '심상적 사고'로 사고한다. 그럼 답안은 명확해진다. 고독한 사람이 인간과 동물을 이어 주는 역할을 한다. 그들을 통해 우리는 동물을 이해할 수 있다.

심상적 사고란 무엇인가

'심상적 사고'는 '언어적 사고'에 비해 상대적 개념이다. 자폐인은 이미지를 통해 사고하지만 그들이 설계를 잘하고 건축 도안을 그릴 줄 안다는 것은 아니다. 그들은 이미지의 형식으로 사고한다. 즉, 사고 활동을 할 때 머릿속에 이미지만 있을 뿐 문자는 없다. 예를 들어 '거시경제학' 내용을 말하면 자폐증 환자의 머릿속에는 장식이 달린 화병과 같은 아무 관련 없는 이미지가 떠오른다. 이는 많은 자폐인이 경제학과 대수학을 이해하지 못하는 이유이기도

악은 어떻게 탄생하는가

하다. 그들의 뇌는 이를 이미지로 전환할 수 없다.

하지만 심상적 사고가 강점이 될 때도 있다. 기계를 설계할 때 사고 과정을 이미지로 연상하는 그들은 설계의 각 부품이 순조롭게 하나로 구성되는 과정을 볼 수 있고, 그 과정에서 어떤 고장이 나타나는지 볼 수 있다. 설계에 중대한 결함이 있으면 그들의 머릿속에서도 전체 구조가 와르르 해체되는 이미지가 나타난다.

이는 자폐인의 사유 과정에 언어의 자리가 없다는 뜻은 아니다. 전체적인 사유 활동이 끝나갈 즈음, 그들은 언어 형식으로 판단한다.

"그렇게 하면 안 됩니다. 무너질 수 있어요."

판사와 배심원으로 비유하자면, 그들의 재판 과정은 이미지 방식으로 진행되고 최후의 판결은 언어로 내린다.

"제가 해 볼게요."

"하, 사실 이랬군."

이는 자기 생각을 더 잘 정리하기 위한 발언이다. 이때 사용하는 언어는 매우 간단하지만 배후의 이미지는 매우 복잡하다. 사람들과 교류할 때 그들은 이미지를 이미 머릿속에서 '녹음'된 고정 문장으로 전환한다. 따라서 한 사물을 바라볼 때 그들의 머리에 풍부하고 다채로운 화면이 나타났다고 해도 이를 다 언어로 표현할 수 없고 '녹음기'처럼 몇 개의 단조로운 어휘를 반복할 뿐이다.

그들의 '빈약'한 언어 표현 능력 때문에 우리는 그들이 '자신만의 작은 세상에서 산다'고 오해하기도 한다. 하지만 사실은 우리가 보는 이 세상 외에 또 다른 아름다운 세상이 있지만 우리는 이를 알지 못한다. 개는 인간이 듣지 못하는 많은 음역을 듣는다. 마찬가지로 자폐인 또한 우리가 보지 못하거나 보지 않는 새로운 세상을 볼 수 있다. 다음 사례가 그렇다.

'외딴 별에서 온' 자폐 스펙트럼 환자 릴리는 심각한 난독증이 있다. 하지만 청각은 매우 예민해서 라디오를 끌 때 나오는 신호음마저 들을 수 있다. 모든 전기 기기는 전원 스위치를 끄지 않으면 잠겨진 상태에서도 계속 전기가 통하기 때문이다. 릴리는 라디오를 끌 때 받는 미세한 신호를 들을 수 있었다. 한번은 그녀가 이렇게 말했다.

"xx 라디오 채널에서 지금 xxx 노래를 방송하고 있어요."

사람들이 라디오를 켜 봤더니 정말 그랬다.

릴리는 벽의 전선에서 방출하는 미세하게 웅웅거리는 진동 소리도 들을 수 있다.

또한 릴리는 동물을 놀라울 정도로 이해한다. 그녀는 동물 호흡의 작은 변화만으로 기분을 알아챌 수 있다. 이런 변화는 보통 사람은 절대 알아차리지 못한다.

이러한 '초능력'은 동물에게도 나타난다.

우리가 모르는 그들만의 소통 능력

어느 날, 일을 마치고 집에 돌아왔는데 당신을 본 반려견이 평소와 다르다. 신나게 달려와 입을 맞추던 원래의 모습은 온데간데없고 왠지 불안해 보인다. 그런데 반려견이 갑자기 당신의 뒤쪽을 향해 컹컹 짖는다. 몸을 돌려 뒤쪽을 봤지만 아무것도 없다. 어쩌면, 이미 무언가가 당신을 따라 집으로 들어왔을지도 모른다.

공포 영화에서 자주 등장하는 장면이다. 동물은 우리가 보지 못하는 '무언가'를 마치 본 것처럼 우리에게 경고한다. 현실에서 동물의 감지 능력은 놀라울 정도다. 동물은 놀라울 정도의 지각 능력으로 이 세상이 얼마나 풍부하고 다채로운지 느낀다. 그들에 비하면 인간이 듣고 보는 것은 미미한 수준이다.

반려동물, 특히 고양이나 개를 기르는 사람은 반려동물과 주인 사이에 모종의 텔레파시가 통한다는 사실을 안다. 반려동물은 주인이 언제 돌아올지 미리 알고 문 앞에서 환대할 준비를 한다. 어떻게 가능할까?

고양이 키키는 도심의 한 아파트에서 일가족과 함께 살고 있다. 키키는 매일 자신의 여주인이 언제 퇴근하는지 안다. 재택근무를

제1장 '최강 두뇌'는 어떻게 만들어지는가

하는 그녀의 남편은 아내가 도착하기 5분 전에 키키가 깔끔히 몸단장을 마친 후 문 앞으로 달려가서 여주인을 맞이하는 장면을 본다. 동물의 시간 감각이 놀라울 정도로 뛰어나긴 하지만 키키는 오로지 자신의 시간적 감각에 의지하지 않는다. 그의 여주인이 항상 같은 시간에 집에 오는 것은 아니기 때문이다.

프로이트는 환자를 진료할 때마다 항상 그의 개와 함께했다. 그러면 그는 시계를 보지 않아도 치료를 끝낼 시간을 알았다. 개가 그에게 '알려' 주기 때문이다.

자폐증 아이의 부모는 자신의 아이에게도 이런 능력이 있다고 말한다. 키키의 여주인은 '초감각'이 이런 현상을 설명할 수 있는 유일한 단서라고 생각했다. 키키가 '퇴근해야겠다'라는 여주인의 생각을 수신했다는 것이다. 더 합리적인 해석을 찾기 위해 키키의 여주인은 이 분야의 전문가를 초빙하였는데 그는 자폐인이었다(역시, 동물을 더 잘 이해하려면 '고독한 사람'이어야 한다). 전문가는 우선 자신의 아파트와 직접 키우는 고양이를 생각하며 수수께끼를 풀어 나갔다.

그는 자신의 회색 페르시안 고양이가 아파트에서 이리저리 거닐다가, 때때로 창밖을 바라보는 모습을 상상했다. 이로써 한 가지 해석이 가능하다. 키키는 여주인이 걸어오는 모습을 볼 수 있다. 비록 20층 높이에서 여주인의 얼굴을 정확히 볼 수는 없지만 길을 걷는 자태와 체형을 알아볼 수 있다. 동물은 '보디랭귀지'에 매우 민감하다. 이 고양이 역시 어쩌면 길을 걷는 자세로 여주인을 알아봤을 수도 있다.

이어서 전문가는 소리 단서를 고려했다. 심상적 사고를 잘하는 그는 머릿속으로 고양이가 아파트에서 이리저리 움직일 때의 '영상'을 재생하여 고양이가 여주인이 집에 돌아오는 것을 판단하는 화면을 재현했다. 그는 고양이가 문과 문틀 사이의 틈에 귀를 대는 모습을 상상했다. 여주인이 엘리베이터에 있는 소리를 늘었을 수도 있기 때문이다. 하지만 여주인이 매번 소리를 낸 것은 아니다. 여주인은 엘리베이터 안에 다른 사람이 있을 때만 대화를 했으나 키키는 매일 시간에 맞춰 그녀를 입구에서 맞이했다. 전문가는 또 여주인에게 몇 가지 질문을 했다. 그녀는 마침내 비밀을 풀 핵심적인 정보를 토로했다. 아파트 엘리베이터에는 승강기 운전원이 있었다. 엘리베이터에 들어올 때마다 인사를 했고, 키키는 그 단서를 포착했다.

수수께끼는 풀렸다. 반려동물이 키키처럼 매일 제시간에 나를 맞이해 준다면 나와 텔레파시가 있는 것이 아니라 나를 보았거나, 나의 목소리를 들었거나 아니면 둘 다. 반려동물은 나의 귀가를 예지하는 것이 아니다. 반려동물 입장에서 당신은 이미 집에 도착했다.

키키의 이야기를 본 후 많은 사람이 놀라움을 금치 못할 것이다.

"동물의 감각기관은 정말 신기하구나!"

당연하다. 동물에게는 인간에게 없는 다양한 감각 능력이 있다. 개는 먼 거리에서 자신을 부르는 휘파람 소리를 들을 수 있다. 박쥐와 돌고래는 음파를 이용해 먼 곳으로 이동 중인 사물을 관찰한다. 비행 중인 박쥐는 10미터 밖의 갑충류를 발견할 수 있고 그 종류도 변별할 수 있다. 쇠똥구리는 달빛의 편광 현상을 감지한다.

동물 세계에서 이런 사례는 수없이 많다. 인간은 이에 대해 대부분 알지 못하거나 아주 미미하게 아는 수준이다.

다음 소개할 코끼리의 '장거리 통화'도 그 한 예다.

코끼리 가족은 몇 주 동안 멀리 떨어져서 지내다가 사전에 통지라도 한 듯 같은 시기에 한 지점에서 만난다. 인간이라면 보이지도 않고 들리지도 않을 정도로 멀리 떨어져 있을 때 휴대전화가 없다면 소통할 수 없다. 코끼리는 어떻게 소통한 걸까? 분명 어떠한 특별한 방식으로 교류하는 것이 분명하다.

사람들은 코끼리가 수천 미터 밖의 가족과 소통하는 방법에 대한 의문을 풀지 못하다가 1980년대가 되어서야 사람이 듣지 못하는 초저음파를 이용해 교류한다는 사실을 발견했다. 사람들은 동물원의 코끼리 우리 옆에서 '기류의 박동'을 느꼈다. 이는 교회에서 파이프 오르간 연주를 듣는 기분과 비슷하다. 그래서 누군가가 초저음파라는 대담한 추측을 내놓았고 연구 결과 그 추측은 정확했다. 코끼리는 인간이 듣지 못하지만 전파 거리가 아주 먼 초저음파를 이용해 원거리 교류를 하고 있었다. 낮이면 코끼리는 4천 미터 밖에서 동료가 내는 소리를 들을 수 있었다. 밤이 되어 기온이 변하면 이 거리는 4만 미터까지 늘어난다. 아주 놀랍지 않은가.

코끼리의 감각기관에 대한 연구에는 또 다른 진전이 있었다. 코끼리가 공기를 통해 교류할 뿐 아니라 지진파를 통해 교류한다는 사실도 발견한 것이다. 코끼리는 발을 구르며 쿵쿵 소리를 낸다. 이 지진파 덕분에 코끼리는 3만 미터 밖의 같은 종족과 소통한다. 지진파를 느낀 코끼리 무리는 그들의 발아래 지면에 집중한다. 그들은 몸의 중심을 바꾸거나, 몸을 앞으로 숙이거나, 발을 하나 들어 올려 지진파를 경청한다. 예를 들어 이쪽에서 '쿵쿵쿵쿵쿵'이라고 두드리며 "오늘 밥 먹었어?"라고 말한다. 그러면 상대편에서 '쿵쿵(안 먹었어)'이라고 대답한다. 그러면 이쪽에서 또 '쿵쿵쿵쿵쿵(안 먹었으면 와서 먹어)'이라고 말한다.

당신의 뇌에는 아인슈타인도 살고 뱀도 산다

왜 동물의 신기한 역량이 인간에게는 없을까? 인간과 동물의 비숫한 점과 다른 점은 무엇일까?

이 문제의 답을 찾기 전에 개념을 하나 알아야 한다. 바로 '삼위일체의 뇌Triune Brain' 이론이다.

'삼위일체의 뇌' 이론에 따르면 인간의 뇌 구조는 세 부분으로 나눌 수 있는데, 이 세 부분은 진화의 역사에 따라 차례대로 형성됐다. 세 부분은 각자의 지력, 기억, 시공간적 감각 등이 있어서 뇌의 내부는 통합된 완전체가 아니라 세 개의 독립된 개체가 각자 뜻대로 활동한다.

첫 번째 부분은 가장 오래되고 가장 아래층에 위치한 파충류의 뇌다.

두 번째 부분은 중간에 위치한 포유류의 뇌다.

마지막 부분은 가장 위에 위치한 영장류의 뇌다.

도마뱀 - 파충류의 뇌

개 - 포유류의 뇌

인간 - 영장류의 뇌

기본적으로 도마뱀의 뇌와 호응하는 파충류 뇌는 호흡과 같은 기본적인 생리적 욕구를 담당한다. 개의 뇌와 호응하는 포유류의 뇌는 감정을 처리한다. 인간의 뇌인 영장류의 뇌는 이성과 언어 처리를 담당한다. 사실 모든 가축은 영장류의 뇌를 가지고 있지만 인간만큼 크지 않다.

인간의 뇌가 통일된 완전체가 아니라 서로 독립된 세 부분이 있는 것은 진화의 과정에서 역할을 잃어버린 부분이 도태되지 않고 계속 남아서 능력을 발휘했기 때문이다. 새롭게 진화해 온 부분이 기존의 뇌에 추가되었다. 기존의 건물에 증축하는 것과 비슷한 원리다.

대자연을 바라보면 이해하기 쉽다. 지구에서 생활하는 수많은 도마뱀은 숨을 쉬고 먹이를 먹고 잠이 들었다가 깨어나는 모든 과정을 하나하나 착실하게 해나간다. 개가 진화한 후 대자연은 '밑지는 장사'를 하듯 다시 새롭게 일구어서 그들에게 새로운 호흡 계통을 만들어 주는 것이 아니라 그들의 뇌를 도마뱀이 가지고 있던 뇌에 그대로 추가한다. 이렇게 도마뱀의 뇌는 호흡과 먹이 섭취, 수면을 담당하고 개의 뇌는 사회 등급을 나누고 다음 세대를 양육하는 일을 담당한다. 인간의 단계로 진화했을 때 같은 일이 다시 한 번 반복되면서 개의 뇌에 인간의 뇌가 추가되었다. 따라서 인간의 뇌는 호흡과 수면을 담당하고, 사회생활을 하며, 이것들을 언어로 표현한다.

'삼위일체의 뇌' 이론은 인간과 동물이 비슷한 점이 많은 이유를 설명해 준다. 인간의 뇌에 부분적으로 그들의 '시스템'이 있기 때문이다. 또 인간과 동물이 왜 다른지도 설명한다. 인간의 뇌는 동물의 뇌를 기반으로 진화하고 발전했기 때문이다.

이 이치대로라면 인간의 뇌가 더 발달하고 진화했으니 비범하게 드러나는 부분이 있어야 하는데 사실은 그렇지 않다. 그 이유는 뭘까?

'심리는 뇌 기능의 반응'이라는 법칙에 따라 이 문제를 제대로 파악하려면 뇌를 절개해 봐야 한다. 동물과 인간의 뇌를 해부하면 뚜렷한 차이점을 잘 알 수 있다.

인간의 뇌는 대뇌피질이 크다. 대뇌피질은 뇌의 가장 위층에 위치한 주름진 부분으로 뇌의 다른 부분을 감싼다. 인간의 대뇌피질과 그것이 감싸는 부분의 비율은 대략 복숭아 과육과 복숭아씨의 비율이다. 동물의 '복숭아 과육'과 '복숭아씨'의 비율은 비슷한 수준이다. 즉, 대뇌피질과 그것이 감싼 부분의 크기가 같다. 보통 대뇌피질이 클수록 생물 종의 지적 능력이 높다. 그런데 지금 발달한 대뇌피질이 문제다. 여기에 '삼위일체의 뇌' 이론까지 결합하면 다음과 같은 상황이 생긴다.

인간의 대뇌피질은 도마뱀과 개의 뇌에 비해 다른 일에 지나친 참견을 할 정도로 발달했고 뇌의 여러 부분을 연결하는 것을 선호한다. 하지만 동물의 대뇌피질은 그렇게 발달하지 않았고 그들의 뇌 각 부분은 독립적이다. 그러므로 인간은 혼합된 감정이 있을 수 있고 같은 대상에게 사랑과 미움의 감정이 교차할 수 있지만, 동물의 감정은 단순하고 분명하다. 사랑과 미움과 같은 범주는 그들의 뇌 안에서 서로 독립되기 때문이다.

조금 더 예를 들어 보자. 인간은 어떤 상황을 다른 상황으로 빠르게 요약할 수 있지만 동물은 할 수 없다. 요약 능력은 사물을 또 다른 사물로 연상하는 능력에 달려 있기 때문이다. 개가 훈련 중에 임무를 수행하는 능력을 키워도 집에 온 후에는 효과가 없다. 훈련 장소와 집은 독립된 다른 범주이기 때문이다. 개의 뇌는 양자를 연관시킬 수 없다.

공평한 조물주는 우리에게 어떠한 것을 부여함과 동시에 또 어떠한 것을 거두어갔다. 인간은 고도의 요약과 연산 능력이 있지만 많은 디테일을 포착하는 능력은 없다.

『아내를 모자로 착각한 남자』에는 이런 글이 있다.

의과 대학의 한 학생이 어느 날 저녁에 약을 과다 복용하여 자신이 개로 변하는 꿈을 꿨다. 다음 날 깨어나 보니 자신이 정말 '개'로 변해서 감지 능력, 특히 후각이 크게 향상됐다. 그는 실습하는 의무실에서 사람들을 만나기도 전에 후각만으로 자신의 환자 20명을 식별했다. 그는 또 환자들의 기분을 '맡아서' 알아차렸다. 시간이 흘러 사람들은 그가 개의 능력이 있다고 생각하기 시작했다. 그는 후각을 이용해 뉴욕시의 각 거리와 상점도 식별했다. 그뿐만 아니라 뭐든지 냄새를 맡고 만져 보고 싶은 욕망도 커졌고 색상에 대한 감지 능력도 대단했다.

이 학생에게 갑자기 이렇게 대단한 능력이 생긴 것은 약물이 그의 대뇌피질의 각 부분에 대한 연결에 영향을 주고 일련의 연쇄 반응이 일어나 많은 디테일에 '주의'했기 때문이다. 정상인의 뇌는 세상의 사소하고 잡다한 원시 데이터를 요약화된 개념으로 바꾸고, 스스로 의식한 것이 이 개념들이라 여기고 다른 것은 '못 본 척'한다. 그러면 채도가 각기 다른 50종류의 갈색은 하나의 갈색으로 보인다.

이렇듯 발달한 대뇌피질은 인간에게 색다른 능력을 줌과 동시에 '신기'한 다른 것들을 가져갔다.

신의 블랙리스트, 세 가지 죄악

HOW IS EVIL BORN

제2장

'흥분 전이 이론Excitation transfer theory'이란 뭘까? 만일 당신이 근무 중 억울한 일을 당해서 매우 화가 났다. 저녁에 집으로 돌아온 후에도 화가 사그라지지 않는다. 이때 집 안에서 또 화를 돋우는 일을 맞닥뜨린다면 그야말로 '불난 집에 부채질'을 하는 꼴이다. 이런 경우 화가 폭발하여 과도하게 반응하게 된다.

도로에서 벌어지는 운전자의 난폭한 행동을 일컬어 '로드 레이지road rage'라고 한다. 평소 점잖고 예의 바른 사람이 차만 운전하면 아주 작은 일에도 불같이 화를 내고 거친 말을 서슴없이 내뱉는다. 심지어 차에서 내려 상대방과 설전을 벌이기도 한다.

"감히 내 눈에 상향등을 비춰? 가만두지 않을 테다!"

"내 앞으로 새치기를 하다니, 멍청한 녀석!"

이 경우 그의 삶에 이미 문제가 있는 경우가 많다. 사랑하는 사람과 말다툼을 벌였거나, 직장 생활에 어려움이 있거나, 경제적으로 곤란한 상황으로 그의 마음은 이미 분노로 가득 차 있다. 그래서 아주 작은 오해도 상대방이 일부러 자신을 공격했다고 여기고 상대방이 불순한 의도가 있거나 용서할 수 없는 큰 잘못을 저질렀다고 주장한다.

인간에게는 좋은 소식보다 나쁜 소식에 더 주목하는 본능이 있다. 이를 '부정 본능The Negativity instinct'이라고 부른다.

바다의 피비린내가 상어를 불러오는 것처럼, 부정 본능 때문에 신문과 뉴스 사이트에는 안 좋은 소식이 헤드라인 뉴스가 된다.

'유명 인사, 여자친구를 죽이다.', '실종, 살인 사건은 미궁 속으로…'

사람들은 이러한 글자에 자극을 받고 귀가 솔깃해진다.

뉴스가 왜 항상 '사망, 사고, 비극' 관련 내용만 보도하는지 원망하는 사람도 있다. 평범한 뉴스는 사람들을 유혹하지 못한다. 게다가 부정적인 뉴스의 전재 횟수와 전파 넓이는 긍정적인 뉴스의 몇십 배 또는 그 이상이다. '나쁜 소문은 날아가고, 좋은 소문은 기어간다.'라는 표현이 알맞다. 인간에게는 '남의 불행을 보고 즐거워하는 본능'이 있다. 자극적이고 변태적이며 흉악하거나 성과 관련된 소식이 등장하면 끔찍하게 여기면서도 흥분을 참지 못한다. 여기서 탐색하고자 하는 내용인 죄악은 모두의 이러한 기분을 최고조로 끌어올릴 거라고 생각한다.

서양 문화권은 일찌감치 죄악을 연구했다. 죄악이란 무엇일까? 『구약 성경』의 「잠언」에 이런 글이 있다.

"거만한 눈, 거짓말하는 혀, 죄 없는 피를 흘리는 손, 악한 계략을 꾸미는 마음, 악한 일을 하려는 빠른 발, 거짓말을 쏟아붓는 가짜 증인, 형제들 사이에 불화를 심는 사람."

또 우리에게 익숙한 『성경』은 일곱 가지 큰 죄를 교만, 시기, 분노, 나태, 탐욕, 탐식, 정욕으로 설명했다. 하지만 이는 죄악을 열거했을 뿐 어느 항목이 어느 항목보다 더 심각하고 사악한지는 표명하지 않았다. 한편 불교의 18층 지옥은 층을 오를수록 난도가 높아지는 기분이다. 1층의 혀를 뽑는 지옥, 2층의 가위 지옥부터 17층 맷돌 지옥, 18층 칼톱 지옥에 이르기까지 층을 오를 때마다 놀랍고 두렵다.

나는 동서양 종교 방식을 모방하여 죄악을 세 등급으로 나눴다. 또 게임의 관문을 돌파하듯이 다음 관문으로 나아갈수록 난도가 높아지고 치가 떨린다. 다음에 등장하는 이야기는 모두 실제 일어난 사례다. 하지만 작가의 상상으로 만들어 낸 범죄소설이라고 해도 무방할 정도로 끔찍하다. 어쩔 수 없다. 가끔은 삶이 진짜 같지 않고 현실이 소설보다 더 감정을 끓어오르게 한다.

이제 관문을 돌파해 보자!

순간적 감정을 억누를 수 없었어: 충동 범죄

인생을 비극으로 만드는 질투심

심리학자 지그문트 프로이트는 83세까지 장수하다 암으로 사망했다. 삶의 마지막 순간에 한 기자가 그를 찾아가 인터뷰했다. 기자는 이 위대한 인물에게 '삶을 어떻게 생각하느냐?'고 질문했다. 반세기 동안 인간의 뇌를 연구한 프로이트라면 아무리 장황한 연설을 해도 모자랄 것 같았다. 하지만 프로이트의 대답은 매우 간단했다.

"Liebe und Arbeit(사랑과 일이다)."

사람들은 하루 24시간 중 8시간 일하고 8시간 휴식하고 8시간

잠을 잔다. 좋아하는 일을 하면 일하는 8시간이 즐겁다. 사랑하는 사람과 있으면 쉬는 8시간이 즐겁다. 또 달콤한 수면까지 더한다면 순탄한 인생이다.

그런데 사랑에 문제가 생기면 어떻게 될까? 사람은 질투심이 극에 달하면 살인도 서슴지 않는다.

• 사례 하나: 대표적인 치정 사건

살인범 이름: 제리(가명)

살인범 성별: 남성

범행 시간: 2011년 2월 22일 22시 즈음

범행 장소: 피해자 앤(가명)의 거주지

범행 행위: 척살刺殺

피해자 수: 1명

사건 경과:

2010년 12월 초, 제리와 앤은 사랑에 빠져 교제하기 시작했다. 그 후 감정은 점점 뜨거워졌고 2010년 12월 21일부터 둘은 함께 살기 시작했다. 두 사람은 2011년 2월 22일 21시까지 사이가 좋았다. 하지만 앤이 제리에게 보낸 문자 메시지 한 통이 그들의 평화를 깨뜨렸다. 문자 메시지의 내용은 이랬다.

"이제 돌아오지 마, 우리가 함께 있는 것은 현실적이지 않아. 우리 이제 그만하자!"

문자 메시지를 받은 후 제리는 순간 마음이 무너져 내리는 것 같았다. 급히 이유를 물어봤지만 앤은 대답하지 않았다. 조급해진 제리는 곧장 회사에서 택시를 타고 두 사람이 사는 집으로 돌아왔고, 문을 열고 들어가 앤을 붙잡고 물었다.

"말해! 왜 헤어지자는 거야?"

앤은 대답이 없었다.

제리는 조급해졌다.

"다른 남자 생겼어?"

앤은 여전히 말이 없었다.

"난 너를 위해 목숨도 바칠 수 있어. 다른 사람도 그렇게 해 준대?"

앤이 입을 열었다.

"네가 죽는 게 나와 무슨 상관이야?"

"나는 죽더라도 너랑 같이 죽을 거야!"

"마음대로 해. 칼은 주방에 있으니까."

제리는 주방에서 10센티미터짜리 과도를 들고 방으로 돌아왔다. 이때 앤은 침대에 누워 있었다. 제리는 침대 곁에 서서 앤을 칼로 겨눴다.

악은 어떻게 탄생하는가

"마지막으로 기회를 줄게. 왜 헤어지려는 건지 제대로 말해. 다른 사람 생겼어? 사실대로 말하면 이대로 갈게."

앤은 자신의 목을 가리켰다.

"내가 누구랑 연애를 하든 넌 간섭할 수 없어. 할 수 있으면 찔러 봐. 능력이 되면 날 찔러 죽이라고!"

결국 제리는 '능력'을 발휘했다. 제리는 앤의 심장 근처를 세 번이나 찔렀다. 앤은 경련을 일으키고 버둥거리며 죽어 갔다. 제리는 함께 살던 룸메이트가 발견해 경찰에 신고할 때까지 시신 옆에 멍하니 있었다.

이는 비교적 흔하고 대표적인 치정 사건이다. 제리는 계획도 음모도 없었다. 한순간의 감정 때문에 충동을 이기지 못하고 범죄를 저질렀다. 그러면 제리는 왜 질투 때문에 살인을 했을까? 질투는 왜 이렇게 극단적인 결과를 초래할까? 이 문제의 답은 아주 오래된 이야기부터 시작해야 한다.

수백만 년 전 인류의 선조가 등장했을 때부터 지금까지, 인간의 뇌 구조는 큰 변화 없이 비슷한 모습을 유지해 왔다. 과거 대가족을 잇기 위해서든 개인이 생존을 위해서든 남자는 가정을 지키고 먹을 것을 사냥했고, 여성은 아이를 낳고 길렀다. 이러한 합리적인 분업으로 인류는 번영을 이뤄 나갔다. 이 분업은 지금까지도 인생에서 큰 비중을 차지한다.

여기에 중요한 점이 있다. 남성은 힘들고 고생스럽게 양육한 아이가 정말 자신의 후손이어야 한다. 여성은 아이가 자신의 아이인지 아닌지 잘 알 수 있지만 남성은 자신할 수 없다.

그동안 인류는 쉬지 않고 발전했다. 하지만 유전자의 연속성을 확보하려는 생각은 변하지 않았다. 이를 위해 응급 기제인 '질투'가 존재한다.

이미 말했지만 인간의 삶에서 아이를 낳는 것은 중요한 비중을 차지한다. 대가 끊기면 다른 것은 부질없다. 그래서 『명심보감』에서는 '불효유삼, 무후위대不孝有三無後爲大'라고 하여 불효 중 자손이 없는 것을 가장 큰 불효라고 이야기했다. 그런데 배우자가 낳은 아기가 자신의 아이가 아니라면 속은 것도 문제지만 자기 유전자의 연속성이 끊기는 일이기에 매우 심각한 문제다. '질투'는 이런 일을 막기 위해 등장했다. 성적인 관계에서 속았거나 그런 조짐만 보여도 질투는 이별이나 이혼과 같은 강력한 선택을 하도록 한다.

하지만 질투는 양날의 검이다. 질투를 잘만 이용하면 남성이 남의 집 아이의 아버지가 되는 위험을 제거할 수 있다. 하지만 과한 질투는 인생을 비극으로 만든다. 제리의 사례가 바로 그렇다.

질투가 다 살인으로 이끄는 것은 아니다. 여기에 여러 '촉매'가 있는데 그중 하나가 바로 '치정'이다. 이런 상황은 젊은 세대에게 더 많이 나타나며 그들은 '다른 길은 없는' 사랑에 더 쉽게 빠진다. 그들은 인생에서 오직 한 명의 배우자만 선택할 수 있다고 생각한다. 그(그녀)를 잃는다는 건 세상을 잃는다는 뜻이고 더 이상 삶의 의미가 없고 죽음이라는 선택밖에 없다고 생각한다. 자살이든 살해든, 연인을 살해한 후 자살하든 다 비슷한 생각을 한다.

'너를 잃느니 죽음을 선택하겠다!'

질투를 극단적인 방향으로 끌고 가는 것은 '치정' 말고도 또 있다. 사람들은 나이가 들고 외모나 사회적인 위치가 변하면서 내력을 잃는다. 이 시기에 상대방에게 버림받으면 그를 대신할 사람을 찾을 수 있는 기회가 줄어든다. 따라서 그들의 질투는 나날이 더해진다.

사회적 지위가 높고 재력이 있으며 외모도 준수한 젊은이는 보통 질투를 잘 하지 않는다. '어장에서 하나 고르면 되지.'라고 생각하면 그만이다. 하지만 예외도 있다. 지위가 높고 유명한 사람이 배신당하면 체면이 바닥으로 떨어졌다고 생각한다. 특히 공개적인 망신을 당해 수치스러우면 '청부 살인'을 해결 방안으로 선택하기도 한다.

이제 문제를 간단히 정리해 보자. 제리는 왜 질투심에 사로잡혀 살인을 저질렀을까?

첫째, 남자인 제리의 몸에 고대부터 존재했던 유전자를 이어 가려는 본능이 남아 있었기에 작은 속임수나 유린을 용납할 수 없었다. 비슷한 상황조차도 받아들일 수 없었다. 앤이 헤어지는 이유에 대해 답을 회피하자 그의 의심은 더욱 커지고 '우리 사이에 제삼자가 있다.'는 생각이 사실로 입증되는 것 같았다.

둘째, 제리의 앤에 대한 '치정'이 원래 정상적인 수준이었던 질투심을 돌이킬 수 없는 지경에 이르게 했다.

질투는 왜 이렇게 극단적인 결과를 초래할까? 이미 언급했지만 '질투' 자체는 시비를 가릴 수 없는 양날의 칼과 같다. 적당한 질투는 동력이 되지만 지나친 질투는 흉기가 된다. 특히 다른 요소가 촉매 역할을 하면 이보다 더 무서운 흉기는 없다.

• 사례 둘: 친구가 일으킨 재앙

살인범 성명: 제니퍼

살인범 성별: 여성

범행 시간: 1998년 3월 7일 새벽

범행 장소: 모 대학교 방사능 바이오 대학원의 강의실

범행: 액살, 시신 훼손

피해자 수: 1명

사건 경과:

제니퍼(이 사건의 범인)와 엘리자베스(이 사건의 피해자), 그리고 폴(모든 것은 이 남성 때문에 일어났다) 세 사람은 1996년 모 대학 방사능 바이오 대학원에 함께 들어갔다. 제니퍼와 엘리자베스는 석사생이었고 폴은 박사생이었다.

같은 학원에서 공부했던 제니퍼와 엘리자베스는 대학원에 입학한 후 둘도 없는 친구 사이가 되었다. 하지만 두 사람이 같은 전공의 선배 폴을 동시에 사랑하면서 둘 사이의 우정은 깨지고 말았다. 폴은 공개적으로 제니퍼와 엘리자베스가 평범한 친구 또는 여동생 같은 존재라고 밝혔지만 남몰래 두 여성과 각각 수차례 성관계를 가졌다.

1998년 3월 7일 새벽, 제니퍼와 엘리자베스는 강의실에서 담판을 벌이기로 했다. 제니퍼가 말했다.

"아예 제대로 한 판 붙자. 오늘 네가 죽든 내가 죽든, 살아남은 사람이 오빠의 사랑을 차지하는 거야!"

물론 이는 나의 상상이 가미된 대화다. 제니퍼가 구체적으로 어떻게 말했는지는 모르지만 어쨌든 그녀는 엘리자베스가 폴을 포기하고 삼각관계가 끝나길 바랐다. 하지만 엘리자베스는 거부했다.

"네가 그럴 용기나 있을까!"

이 말도 나의 상상이다. 두 사람은 치열한 싸움을 벌였다. 제니퍼는 엘리자베스를 한껏 세게 때리고 그녀의 목덜미를 잡아 바닥에 매섭게 내리쳤다. 이내 엘리자베스의 머리에서 피가 흐르더니 그녀는 곧 정신을 잃었다. 제니퍼는 실험실에서 클로로폼이라는 화학 약제를 가져와 엘리자베스의 뒤통수를 적셨다. 그런 후에 그녀를 강의실의 냉각기 옆에 두고는 강연대의 혈흔을 지우고 도망갔다.

클로로폼은 무색의 투명한 액체로 특수한 냄새와 단맛이 있다. 클로로폼은 빛을 만나면 공기 중의 산소와 작용하여 맹독성 포스겐과 염화수소로 분해된다. 주로 프레온, 염료, 약물을 생산하는 데 사용하고 의학적으로 흔하게 사용되는 마취제다.

사건이 발생한 지 16시간 후인 3월 7일 21시 15분, 다시 현장으로 돌아온 제니퍼는 너무 많은 포스겐을 흡입해 질식사한 엘리자베스를 발견했다. 제니퍼는 바로 실험실에서 왕수(王水, 진한 염산과 진한 질산을 3 대 1 정도의 비율로 혼합한 액체)를 배합하여 시신과 범행 현장을 훼손했다. 그녀의 의도는 성공적이었다. 엘리자베스의 시신이 발견됐을 때 이목구비는 알아볼 수 없을 정도로 붓고 문드러져 있었다. 제니퍼는 범죄자로 몰릴까 봐 사건 현장에 폴과 사용했던 콘돔을 시신 곁에 두고 엘리자베스가 성폭행범을 만나 죽은 것처럼 꾸몄다.

진한 염산과 진한 질산을 3 대 1로 혼합하여 제조하는 왕수는 부패성이 강하고 노란색 연기가 나는 액체다. 금을 녹일 수 있는 몇 안 되는 물질 중 하나이기 때문에 왕의 물이라는 의미의 왕수라고 불린다.

사건이 발생한 후 경찰은 제니퍼, 엘리자베스, 폴의 삼각관계를 알아챘다. 그 후 살인 사건 현장에 제니퍼의 손톱이 나왔고, 제니퍼가 사건이 발생한 후 엘리자베스의 신용카드를 사용한 증거가 있어 수사는 빠르게 해결됐다.

이는 여성의 질투심으로 발생한 전형적인 치정 살인 사건이었다.

일상에서 사람들은 질투와 부러움을 진지하게 구분하지 않는다. 가끔 두 개념은 일맥상통하고 정도의 차이만 있을 뿐이라고 생각하기도 한다. 부러움, 질투, 미움은 정도가 순차적으로 증가하는 감정이다. 우선 부러워하다가 부러움이 깊어지면 질투가 되고, 질투가 커지면 미움으로 바뀐다. 조금 더 정확히 설명하면, 부러움은 두 사람 사이의 감정이다. 상대방에게 멋진 스포츠카가 있지만 나는 없다. 이때 상대방의 차를 보며 침을 흘리면 부러움이다. 그런데 질투는 세 사람 사이에 갖는 감정이다. 상대방이 나를 사랑한다고 생각했지만 상대방은 나를 배신하고 다른 사람을 사랑하고 있었다. 나는 상대방을 잃었고, 상대방을 내 곁에서 뺏어간 사람이 밉다. 또는 상대방이 그 사람을 위해 나를 포기해서 밉다. 그것이 바로 질투다.

저마다 한 번씩은 애착을 갖는 물건을 잃어 본 경험이 있기 때문에 그런 감정이 얼마나 견디기 힘든지 다 알 것이다. 특히 오랜 시간 함께한 연인을 잃거나 혼인 생활이 끝나면 말로 다 표현하기 힘든 고통을 겪는다. 이것이 살해의 동기가 된다면 동정하는 사람이 있을 수도 있다. 사랑을 잃는 것은 일자리를 잃는 것처럼 쉽게 보완할 수 있는 것이 아니다. 특히 상대방의 간통 현장을 찾아낸 상황이라면 회사에서 해고당해 사무실에서 살인을 저지르는 것보다 쉽게 이해받는다.

순간적 격분은 위험하다

일시적인 충동으로 살인을 저지르는 것이 다 질투 때문만은 아니다. 순간적으로 일어난 활활 타오르는 분노의 감정 또는 하루하루 쌓인 원망이 어느 순간 폭발하여 살해까지 저지르는 격분으로 변하기도 한다.

• 사례 하나: 욕설 한마디가 불러온 유혈 사건

살인범 성명: 로버트(26세)

살인범 성별: 남성

범행 시간: 2013년 2월 1일

범행 장소: 어느 소도시

범행 행위: 액살, 시신 훼손

피해자 수: 1명

사건 경과:

2013년 2월 1일, 이 사건의 살인범 로버트는 피해자 낸시(24세)와 상의할 일이 있어 만나기로 했다. 하지만 두 사람 사이에 말다툼이 일어났고 낸시는 로버트의 돌아가신 어머니한테까지 욕설을 퍼부었다. 다른 사람이라면 못 들은 척 넘어갈 수 있을지 몰라도 로버트는 그렇지 못했다. 유년 시절 어머니를 잃은 로버트의 어머니에 대한 그리움과 사랑은 마음에서 가장 취약한 '신성불가침'한 곳이었다. 낸시의 말에 자극받은 로버트는 불같은 화가 치밀었고 눈 깜짝할 사이에 이성을 잃어 낸시의 목을 졸라 죽였다.

그 후 로버트는 어느 초등학교 뒷산에 낸시의 시신을 나뭇잎과 진흙으로 덮어 유기했다. 집으로 돌아온 로버트는 경찰이 낸시의 시신에서 자신의 지문을 발견할까 봐 두려워졌다. 그래서 시신을 묻은 지 사흘째 되는 2월 3일, 낸시의 머리와 오른손을 잘라내 근처의 강에 버렸다.

로버트가 붙잡혔을 때 그는 11개월 된 아기의 아버지였다.

로버트가 살인을 저질렀을 때 그는 삶의 모든 '브레이크'가 망가진 것처럼 외부의 구속력과 내부의 자기통제력을 모두 잃었다.
로버트의 상황이 '급성 분노'가 초래한 비극이라고 한다면 다음의
'만성 분노'가 가져온 무서운 이야기도 보자.

• 사례 둘: 만성적 분노가 몰고 온 죽음

살인범 성명: 브루스(30세)

살인범 성명: 남성

범행 시간: 2009년 11월 23일 저녁

범행 장소: 모 아파트 14동 3라인 2층

범행 행위: 척살刺殺, 일가족 살인

피해자 수: 6명

사건 경과:

2009년 11월 23일 저녁, 모 대도시에서 전국을 떠들썩하게 한
가족 살인 사건이 일어났다. 브루스의 부모, 아내, 여동생과 두 아
들 등 조부모와 어린아이를 포함한 일가족이 잔혹하게 살해당했
다. 더욱이 이해할 수 없는 것은 살인범이 브루스였다는 사실이다.

다음은 브루스와 공소인이 법정에서 주고받은 대화다.

공소인 사건 당일 집에는 언제 돌아왔습니까?

브루스 저녁 10시쯤 호텔에서 운전해서 집에 왔습니다.

공소인 그 집은 누구 소유입니까?

브루스 제 아버지 소유입니다. 저와 부인은 방 하나에서 살았습니다.

공소인 집에 와서 바로 잠들었습니까? 아니면 누구를 만났나요?

브루스 소파에 한 시간쯤 앉아 있었습니다. 부모님은 주무셨고 여동생은 컴퓨터를 하고 있었습니다.

공소인 그런 후에는요?

브루스 방에서 아내와 다투다가 칼로 아내를 몇 차례 찔렀습니다.

공소인 칼의 길이는 얼마나 됐죠? 언제 산 칼입니까? 칼을 샀을 때의 목적은 무엇이었습니까?

브루스 2008년에 샀습니다. 당시 칼이 재미있어 보여서 샀습니다. 별다른 목적은 없었습니다. 그 칼은 30센티미터 정도 되는 긴 칼이었습니다. 칼을 산 후에는 몸에 휴대했습니다.

공소인 무엇 때문에 아내와 말다툼했죠?

브루스 기억이 나지 않습니다.

공소인 기억이 안 나요? 말다툼 후 어떻게 됐습니까?

브루스 말다툼이 끝난 후 화가 나서 죽였죠.

공소인 여동생은 어쩌다 찔렀습니까?

브루스 기억이 나지 않습니다.

공소인 기억이 안 난다고요? 어디를 찔렀죠?

브루스 기억이 나지 않습니다.

공소인 왜…. 아버지는 어디를 찔렀죠?

브루스 기억이 나지 않습니다.

공소인 어머니를 본 후 뭘 했죠?

브루스 또 찔렀죠.

공소인 어디를 보면서요?

브루스 기억이 나지 않습니다.

공소인 그다음에 뭘 했죠?

브루스 제 두 아이를 죽였습니다.

공소인 아이들은 왜 죽였습니까?

브루스 기억이 나지 않습니다.

공소인 흐음…. 왜 그 사람들을 찔렀습니까?

브루스 별 이유는 없어요, 평소에 스트레스가 너무 많았어요.

공소인 무엇 때문에 스트레스가 생겼는데요?

브루스 집안일 때문에요.

공소인 그러면 아이들은 왜 죽였습니까? 가정불화가 있든 스트레스가 크든 아이들이 얼마나 힘들게 한다고요? 아이들이 당신에게 스트레스를 줬나요?

브루스 모르겠습니다.

......

브루스의 사례는 과거에도 있었던 일가족 살인 사건과 매우 비슷하다. 살인범은 일가족을 매우 잔인한 수법으로 살해한다. 대부분 칼 등을 살인 도구로 선택하고 단 한 명도 살려 두지 않으려는 범죄 심리 성향Psychological orientation을 보인다. 일가족 살인 사건은 또 하나의 공통점이 있는데, 살인범들은 '전문성'을 갖춘 지능형 범죄보다는 고되고 힘든 방법으로 살육을 했고 주도면밀한 계획 없이 충동적으로 범행을 저질렀다.

그들은 왜 살인을 저질렀을까? '화가 났기 때문에'라는 이유는 모두 아는 사실이고 이 설명만으로는 부족하다. 그렇다면 그들은 왜 화가 났을까? '화'가 어느 정도까지 나면 살인을 저지를까? 왜 그 사람들을 죽였을까?

동물은 크게 먹잇감을 얻기 위해서나 분노했을 때 공격한다. 무엇이 동물의 분노를 일으킬까? 도발이다. 이 점은 인간도 비슷하다. 고대부터 인간은 동물과 마찬가지로 자신의 영역을 보호하려는 본능이 있다. 이 영역에서 인간은 충분한 음식과 물을 섭취하고 번식 활동을 한다. 오늘날 이 '영역'은 구체적인 공간을 넘어서서 존엄성과 같은 정신적인 측면까지 포함한다. 이 영역이 침범받으면 인간은 본능적으로 공격 반응을 보인다. 적어도 침입자에게 공격하겠다는 경고를 한다.

이는 길고도 복잡한 진화의 과정에서 형성됐다. 만약 야생이라면 동물의 '상호 학살'은 진화론적 관점에서 나쁜 일은 아니다. 이 방법은 생활 공간의 과포화 상태를 방지하고 유한한 자원을 더 많은 사람에게 남겨 주며 우수하고 강한 사람이 번식할 수 있게 한다. 영화 〈설국열차〉에서 나타난 상황처럼 말이다. 다만 이런 방법은 현실 사회에서 비윤리적이지 못하다는 이유로 허용되지 않는다.

정리해 보면 인간은 '도발 – 분노 – 공격'의 순서로 공격 행위에 도달한다. 이는 행동학의 '분노로 인한 살인'의 해석이다.

항상 궁금했던 문제가 있다. 왜 사람들은 스포츠 프로그램에 심취할까? 특히 축구 경기와 같은 대결성 스포츠는 그야말로 중독이라도 된 것처럼 푹 빠져든다. 프로이트를 위시한 정신분석파에서는 인체에 공격 성향이 있는 분노의 에너지가 있는데, 다른 본능과 마찬가지로 천성적이고 체내에 점점 쌓이기 때문에 위험 수준에 다다르기 전에 배출해야 한다고 여긴다. 이것이 바로 그 유명한 '수압설Hydraulic theory'이다. 용기(사람의 심리) 안에 억압된 감정이 과도하게 쌓이면 언제든지 폭발할 수 있다는 관점이다.

따라서 적절한 시기에 억압된 에너지를 '방출'하는 것이 매우 중요하다. 축구를 하거나 축구 경기를 관람하는 등 대체 방식을 활용할 수도 있다.

분노에 차서 폭력을 행사하는 사람들은 공격 에너지를 방출할 충분한 기회가 없었고 임계 수위를 넘어 버렸다.

이는 정신분석파가 '분노로 인한 살인'을 해석하는 관점이다.

'웃어라, 온 세상이 너와 함께 웃을 것이다. 울어라, 너 혼자만 울게 될 것이다.'라는 말이 있다. 사람마다 이 말에 대한 해석이 조금씩 다르겠지만 분명한 점은 괴로운 일은 자신의 일이므로 타인과는 상관이 없다는 의미다. 하지만 사람들은 그 점을 의식하지 못하고 다른 사람에게 분노를 내뱉는다. 이는 '분노로 인한 살인'의 세 번째 해석인 '흥분 전이 이론'이다.

회사에서 근무하다가 억울한 일을 당해 매우 화가 났다고 생각해 보자. 저녁에 집으로 돌아왔지만 여전히 화가 나 있는 상태다. 그런데 집에서 또 화를 돋우는 일을 맞닥뜨리면 '불난 집에 부채질'하듯 단숨에 분노가 폭발하고 과도한 반응을 보이게 된다.

로버트는 피해자와 말다툼할 때 살인을 저질렀다. 피해자 낸시는 로버트의 어머니를 욕했다. 위의 분석에 따르면 낸시는 로버트의 영역(존엄)을 침범하는 도발을 했다. 브루스의 상황 역시 비슷하다(아내와 말다툼).

'화'가 어느 정도로 나야 살인을 저지를까?

인간은 단순하고 자유롭게 마음에 들지 않으면 바로 물어 버리는 동물 같은 행동을 하지 않는다. 인간은 도덕, 규율, 법률 등의 제약을 받기에 낸시가 로버트에게 '도발'했다는 이유로 목숨을 잃는 상황은 로버트가 정상적인 생각을 하고 있었다면 현실로 이뤄지지 않을 일이었다. 유일한 해석이라면, 낸시는 로버트의 인내심의 한계를 건드렸다. 로버트가 결국 폭발하던 순간이 오기까지 그는 수많은 '인간적 고통'을 맛보았을 것이다. 브루스 역시 그렇다. 다만 그는 더 오래 더 깊게 누적되었다.

왜 그 사람들을 죽였을까?

사람들의 삶은 완벽하지 않다. 세상에 완벽한 일은 없다. 문제는 로버트와 브루스는 다른 사람처럼 마음에 쌓인 부정적 에너지를 방출할 적절한 방식을 찾지 못했다. 토마스는 바로 당사자를 공격했고, 로버트는 '원한'을 피해자 낸시에게 전가했다.

발걸음을 옮길 때마다 경계하라:
계획 범죄

통제하지 못한 음욕

한때 한국 드라마 〈별에서 온 그대〉가 인기리에 방영되었다. 이 드라마는 당시 아시아 지역에서 한류를 이끌었다. 눈이 내리면 사람들은 드라마의 한 장면을 따라서 치킨과 맥주를 먹었다.

그런데 한 토크 프로그램에서 남성 출연자가 이 드라마에 대해 재미있게 논평했다.

"이 청춘 드라마는 현실과 동떨어진 '순정'을 보여 줍니다. 아주 이상적인 상태이죠. 드라마에서 남녀 주인공이 키스하는 장면도 별로 없고 잠자리를 갖는 장면은 더욱이 없습니다. 이런 상황은 여성의 환상에만 존재합니다. 한편 성인 비디오에서 일본 여성은 남성의 환상을 채워 줍니다. 돈을 주지 않아도 되고, 온갖 거짓말을 늘어놓지 않아도 여성은 계속 잠자리에 응합니다. 게다가 원하는 대로 다 합니다. 한국 드라마에서 남성은 여자 주인공을 하룻밤 내내 안고 있지만 아무것도 하지 않고 성적 요구도 없습니다. 심지어 비중 있는 남자 조연마저도 매우 잘생겼습니다. 이 두 상황은 현실에서 존재하지 않습니다. 그래서 한국 남성은 아시아 여성들의 마음을 사로잡았고, 일본 여성은 아시아 남성의 하드 디스크를 점유했죠."

대다수 남성은 성욕과 식욕을 동일시하고 배가 고프면 밥을 먹듯이 성욕이 생기면 풀고 싶어 한다. 그런데 밥을 공짜로 먹을 수 없는 것처럼 성도 공짜가 아니다. 하지만 그렇다고 해서 남성이 줄곧 품어 왔던 '지불할 필요도 없고 감정이 없어도 되는 성관계'를 갈망하는 마음을 막지 못한다.

다음은 남성들이 억지로 '공짜' 성을 추구할 때 저지르는 죄, 강간에 대해 알아보자.

• 사례: 좋아하는 것으로 유인한 후 범행

범인 성명: 크리스

범인 성별: 남성

범행 시간: 2002년 12월 4일

범행 지점: 어느 작은 마을

범죄 행위: 연쇄 강간

피해자 수: 2명

사건 경과:

2002년 12월 4일, 11세 여아가 문구를 사러 나갔다가 실종됐다.

2002년 12월 19일, 또 다른 10세 여아가 방과 후 집으로 돌아오는 길에 실종됐다.

12월 20일, 범인 크리스는 집에서 아내와 말다툼을 벌였고 화가 나서 자신의 세 아이를 방 안에 가두고 가스에 불을 붙여 폭발시켰다. 그와 세 아이는 모두 심각한 부상을 입었다.

폭발이 일어난 후 소방대는 크리스의 집 옷장에서 실종된 10세 여아의 시신을 발견했다. 시신은 이불에 말려 나일론 밧줄로 묶여 있었다. 부검 결과 아이는 질식사하였으며 사망한 지 반나절에서 하루 정도 지난 상태였다. 아이의 속옷에는 다량의 혈흔이 묻어 있었고 하체에도 혈흔과 상처가 있었다. 법의학자는 사망자가 공포스러운 성폭력을 당했다고 증언했다.

경찰은 곧바로 이 '공포의 집'을 전면 수사했다. 얼마 후인 21일 정오 12시 즈음, 크리스 집 옆의 우물에서 실종됐던 11세 여아의 시신이 발견됐다. 우물은 나무판자로 덮여 있었고 테두리는 시멘트를 발라 막아 놓은 상태였다. 그 위에는 오래된 에어컨이 누르고 있었다. 소방대가 우물을 열자 강한 악취가 올라왔고 나체의 여아 시신이 우물 바닥에 웅크리고 있었다. 이미 부패가 시작된 아이의 몸은 오물에 잠겨 있었다.

크리스는 나태하고 하루 종일 빈둥거리는 사람이었다. 사건이 발생하기 전 그는 거리의 노점에서 먹을거리를 팔았지만 다른 마음을 먹고 있었던 것 같다. 그는 몰래 피해자들을 관찰하고 음식을 파는 것을 빌미로 아이들에게 접근하여 무엇을 좋아하는지 알아냈다(두 아이 중 한 명은 플래시 카드를, 또 다른 아이는 게임기를 좋아했다). 그 후 크리스는 비위를 맞추며 자신의 집에 게임기와 플래시 카드가 있다는 거짓말로 한 명 한 명 집으로 유인해 범행을 저질렀다.

'충동 범죄'와 달리 '계획 범죄'를 도모하는 범인은 범행을 저지르기 전부터 계획을 세워 둔다. 가끔 킬러, 애인 또는 건달을 이용해 자신의 목적을 달성하기도 한다. 앞의 예에서 브루스가 일가족을 살해하기 전에 가족 명의의 거액의 보험에 가입했고 수익자가 자신 혼자라면 그는 계획 살인을 저질렀다고 추정할 수 있다. 연쇄 강간 사건도 그렇다. 단일 강간 사건과 달리 범인은 사건 발생 전에 성공을 위해 미리 살펴보고 피해자의 생활 규칙을 알아본다.

7대 죄악 중 하나, 탐욕

앞에서 말했듯이 인생은 사랑과 일만 순탄하면 행복하다. 그런데 일이 뜻대로 되지 않으면 어떻게 될까? 탐욕을 부리게 된다. 사람은 돈 때문에 목숨까지도 내놓는다.

앞에서 말한 '질투', '분노', '음욕' 외에 7대 죄악 중 하나인 '탐욕' 역시 사람들이 범죄를 저지르는 주요 동기 중 하나다. 타인의 재물을 빼앗기 위한 범죄는 충동적으로 일어나지 않고 대부분 오랜 시간 계획을 세우고 치밀한 준비를 한 끝에 저지른다. 어떤 상황이든 돈을 손에 넣는 것은 쉬운 일이 아니다. 다음의 사례를 보자.

• 사례: 돈을 뺏기 위한 끔찍한 계획

범인 성명: 마이클, 올리버(가명)

범인 성별: 남성

범행 시간: 2012년 11월 19일 저녁

범행 지점: 올리버의 침실

범죄 행위: 약탈, 살인, 시신 훼손

피해자 수: 1명

사건 경과:

피해자 라나는 사업가였다. 카드 게임을 즐기는 그녀는 지갑에 항상 천 달러 이상을 넣고 다녔고 값비싼 액세서리로 치장했다. 라나와 함께 카드 게임을 하던 마이클, 올리버는 그런 그녀를 주시했다. 마이클과 올리버는 제대로 된 직업 없이 어떻게 하면 일하지 않고도 많은 돈을 손에 넣을지 고민하는 한량이었다. 그런 와중에 라나가 그들의 '사냥감'이 되었다. 두 사람은 보름 동안 계획을 세운 후 2012년 11월 19일 저녁, 라나에게 부동산을 구매하는 데 조언을 듣고 싶다며 만나자고 했다. 마이클과 올리버의 지속적인 요청을 거절하지 못한 라나는 결국 두 사람을 만났지만 돌아오지 못할 강을 건널 것이라고는 상상도 못 했다.

라나가 올리버의 집 침실로 들어가자 마이클과 올리버는 뒤에서 그녀를 공격해 침대에 쓰러트렸다. 그러고는 밧줄로 라나의 손발을 묶고 투명 테이프로 입과 코를 막은 후 그녀의 검은색 가방을 빼앗았다. 그리고 라나의 머리에 젖은 비닐을 씌워 질식시켰다. 두 사람은 액세서리와 현금을 포함해 2만 달러를 손에 넣었다.

두 사람의 악행은 이에 그치지 않았다. 라나의 흔적을 없애기 위해 시신을 토막 내어 시신을 먼 호수에 유기하거나 불태웠다.

미치지 않고서야:
연쇄살인범과 사이코패스

사이코패스의 살인 동기, 정신 분열

사이코패스 살인범의 살인 동기는 매우 다양하며 대부분 여러 동기가 혼합되어 작용한다. 여기 사이코패스의 살인 동기를 몇 가지 간추려 보았다. 그중 첫 번째는 '정신 분열'이다.

정신 분열을 이유로 살인을 저지르는 살인범은 얼핏 보면 '무고'한 것 같다. 그들은 자신이 한 일이 무엇을 의미하는지 모르는 것처럼 보이기 때문이다.

한 젊은이가 있었다. 엄격한 아버지 밑에서 자란 그는 심각한 환청에 시달렸다. 그러던 어느 날 그는 아버지의 머리를 칼로 잘라내어 창밖으로 던졌다. 그는 아버지의 용서를 받고 싶었는데, 머리를 내던지지 않으면 다시 몸에 붙어서 아버지가 자신을 또 때릴 것 같앉기 때문이라고 했다.

또 다른 정신병 환자는 차분한 마음으로 시신을 훼손했다. 마치 요리하기 전 식재료를 다듬는 것 같기도 했고, 시계를 분해해 내부의 구조를 관찰하는 것처럼 아주 초연했다. 어머니의 배를 가른 정신분열증 살인범은 이렇게 말했다.

"어머니가 뱃속에 무엇을 숨겼는지 보고 싶었어요."

다음의 사례를 보자.

· 사례: 평범한 사람에서 살인마로 변해 간 한 남자

살인범 이름: 데니스 안토루 닐슨

살인범 성별: 남성

범행 시간: 1978년 12월 30일~1983년 1월 23일

범행 장소: 영국

범죄 행위: 연쇄살인, 시신 유린, 시신 훼손

피해자 수: 15명 이상

사건 경과:

닐슨은 전형적인 정신 분열 환자였다. 이런 사람은 초연하고 냉담하다는 특징이 있다. 그렇다고 고독을 갈망하지는 않는다. 반대로 닐슨은 오랜 시간 고독을 참고 견디며 사람들과 가까워지길 바

랐다. 동시에 그는 동성연애자였다. 하지만 여러 가지 이유로 타인과 관계를 오래 지속할 수 없었고 그가 죽인 남성과 환상 속의 우정을 유지할 수밖에 없었다.

1978년, 서른두 살의 닐슨은 자신을 찾아온 방문자를 목 졸라 죽였다. 그것이 그의 첫 번째 살인이었다. 닐슨은 시신과 성관계 후 아파트 바닥 아래에 숨겼다. 그렇게 1983년까지 열 명이 넘는 사람을 죽였다. 그가 마지막 피해자의 팔다리를 잘라 시신 일부를 화장실 변기에 내려 버릴 때 하수도관이 막히는 사태가 일어났다.

닐슨은 다른 연쇄살인범과는 다른 특징을 보였다. 그는 증오에 사로잡히지 않았고 동물을 좋아해서 개와 고양이를 키웠다(연쇄살인범의 특별한 유년 시절의 특징은 뒤에서 이야기하겠다). 그는 학대를 받은 적도 없다. 다만 어린 시절을 외롭게 보냈을 뿐이었다. 성인이 된 후에는 괜찮은 직업도 있었다. 1961년에는 면접을 통해 요리사가 되었는데 그때 육류를 도살하고 해체하는 등 요리 기술을 배웠다. 덕분에 그는 살인하고 시신을 분해하는 데 탁월한 능력을 발휘할 수 있었다.

닐슨은 시신에 특별한 감정을 가지고 있었다. 이런 특징은 그가 어렸을 때부터 드러났다. 한번은 닐슨과 그의 친구가 강가에서 익사하여 숨진 시신을 발견했다. 시신을 본 순간 닐슨은 외할아버지가 생각났다. 그는 두렵거나 역하지 않았고 오히려 흥분했다. 죽음과 영원의 관계에 대해 그는 이해할 수 없었지만 묘한 기분이었다. 이 에피소드는 시작일 뿐이었다. 닐슨은 조금씩 평범한 사람에서 살인마로 변해 가고 있었다.

시신을 사랑하게 된 그는 시신을 수개월 동안 보관(방부 처리)하다가 해체하기도 했다. 시신과 함께 자고 함께 샤워하고 함께 음악을 듣고 TV를 시청했다. 또 시신과 대화를 나누며 저녁이면 "잘 자."라고 말했고 아침에 출근하기 전에는 "다녀올게."라고도 말했다. 많은 연쇄살인범의 시신 훼손 행위도 잔인하지만 닐슨의 행동은 더욱이 모골이 송연해지는 기분이 든다.

닐슨이 붙잡힌 후 그가 한 모든 행동을 두고 사람들은 그의 정신 상태에 문제가 있다고 생각했다. 다음은 닐슨을 만난 정신과 의사 세 명의 판단이다.

정신과 의사1의 관점 닐슨 역시 정신병의 피해자라고 생각한다. 그는 어린 시절의 경험과 삶의 여러 문제 그리고 관계의 고통 속에서 괴로워했다. 그의 정신은 그의 행동을 통제할 수 없었고 자주 폭음했다. 그의 육체는 지각을 잃은 상태에서 일을 저질렀다. 그래서 그는 자신이 왜 살인을 했는지 모르며, 자신이 한 일이 윤리적이지 못하고 불법이라는 것을 의식할 수 없었다. 그러므로 그의 법적 책임 일부를 경감시켜야 한다.

정신과 의사2의 관점 닐슨의 경계성 성격장애는 정상인의 인격으로 가장한 병적인 인격이다. 이런 사람은 자신의 세상이 외부 세계와 충돌한다는 이유로 정신 분열이 일어난다. 하지만 대부분의 시간에서 자신을 통제할 수 있고(그가 주변의 지인을 다치게 하지 않는 이유이기도 하다), 나머지 시간에 자신에게 도취해 자신만의 세상에서 혼자 있는다. 따라서 닐슨의 범죄가 저의가 있거나 계획 범죄라고 생각하지 않는다.

정신과 의사3의 관점 두 사람의 주장은 옳지 않다. 닐슨은 자신의 행위를 통제할 능력이 충분하다. 이 사례는 매우 특별한데, 그는 정신착란증 환자가 아니라 사이코패스. 그리므로 그는 유죄다.

배심원은 이 세 정신과 의사의 의견 충돌과 낯선 의학적 용어에 혼란스러워했다. 법정은 배심원에게 의학적 용어를 이해하려 하기보다 닐슨이 저지른 범죄의 고의성 여부에 주목하라고 했다. 협의를 거친 법정과 배심원은 사회적 영향과 기타 요소를 고려하여 닐슨에게 유죄 판결을 내렸다.

연쇄살인범의 흔한 유형, 성적 학대

정신분열 외에 성적 목적을 가지고 살인을 저지르는 경우도 있는데 연쇄살인범의 대부분이 이 유형에 속한다. 이들의 '범행 절차'는 기본적으로 강간 후 살인(가장 흔하다) 또는 살인 후 강간(네크로필리아) 또는 살인을 저지르면서 강간(성적 학대광)이다. 다음은 이 분야 최고 '마스터'의 사례이다.

• 사례: 한 미치광이의 엽기 사건

살인범 성명: 데이비드 파커 레이

살인범 성별: 남성

범행 시간: 1979년 즈음

범행 장소: 멕시코

범죄 행위: 성적 학대, 연쇄살인, 시신 훼손

피해자 수: 10명 이상에서 수십 명

사건 경과:

한 법의학 정신과 전문의가 말했다.

"나쁜 사람이 한 행동은 좋은 사람이 꿈에서나 하는 일이다."

많은 사람이 모욕, 거절, 좌절을 겪거나 상처를 입으면 아주 잠깐이지만 살인을 저지르는 환상을 가진다. 그 상상에는 상처를 준 사람들을 괴롭히는 것이 포함되어 있다. 하지만 생각은 생각일 뿐 실제로 대다수는 정말 누군가를 다치게 하지 않고 마음속으로 화만 낼 뿐이다.

레이의 범행 수법은 '예술'의 경지에 이르렀다. 그는 평범한 성적 학대에 만족하지 못하고 직접 도면을 그려 가며 학대 기구를 만들었다. 그의 학대 기구에 대한 열정과 '조예'는 그의 범행처럼 보통 사람은 감히 따라갈 수 없는 수준이었다. 그는 사람이 드문 한적한 곳으로 이동이 가능한 전용 형벌 방을 만들고 방에 '토이 박스'라는 별명을 지었다. 그는 '토이 박스' 안에서 아무리 울부짖어도 그 누구도 들을 수 없도록 방음 소재를 덧붙이고 벽과 문을 보강했다. 그 안에는 도르래, 쇠사슬, 산부인과 장비, 못이 가득 박힌 가짜 음경, 붕대, 전기총, 카메라, 전기 채찍, 주사, 각종 화학 약품 등 없는 것이 없었다. '토이 박스'는 레이에게 천국이나 다름없었지만 피해자에게는 차라리 빨리 죽기만을 바라는 지옥이었다.

영화 〈호스텔〉에 레이의 '토이 박스'와 비슷한 장면이 등장한다. 영화에서는 뼈를 갈고 살점을 태우거나 자르는 장면도 있지만 레이는 그보다는 성기 학대에 더 큰 흥미를 느꼈다. 이는 레이가 어렸을 때 시작됐다. 레이는 열세 살 때 왜곡된 환상을 품기 시작하다 차츰 행동으로 옮겼다. 열다섯 살이 되던 해 레이는 한 여성을 나무에 묶고 괴롭히다가 죽였다. 서른 살이 되었을 때 그는 환상에 기대어 여성을 학대하고 죽이면서 자위를 해야 오르가슴을 느낄 수 있었다. 마흔 살이 되자 그는 여성을 묶고 괴롭히기 시작했으며 여성들을 고통스럽고 치욕스러운 성적 장난감으로 만들었다. 그는 이 과정을 수십 년간 지속했다.

연쇄살인범에게는 특징이 있다. 그들은 삶과 죽음을 결정할 수 있다는 신이 된 듯한 권력에 도취되어 있다. 피해자가 죽음에 이르는 처참한 상황을 보며 그들은 권력이 실현된다고 느낀다. 레이는 그 '권력'을 즐기면서 타인의 죽음 앞에서 오르가슴을 느꼈다.

하지만 피해자의 처참한 상황에 관한 자료는 봉인이 되었는지 매우 적다. 당시의 상황을 더 이해하고 싶다면 '잭 더 리퍼'를 보면 된다. '잭 더 리퍼' 역시 살인 성애Erotophonophilia 요소가 있어 레이와 비슷한 점이 있다.

레이의 음욕은 마약 중독처럼 행위를 반복한다. 처음엔 느릿느릿하고 차분하게 움직이다가 갈망이 커지면 조급해지고 마지막에 욕구를 충족시키면 다시 차분해진다. 이 순환은 생명이 끝날 때까지 이어진다. 놀랍게도 그의 아내와 다른 공범은 레이가 범행을 저지를 수 있도록 도왔다. 이러한 '유능한' 조수들 덕분에 레이는 시신을 성공적으로 훼손할 수 있었고 오랜 시간 발각되지 않았다. 그래서 얼마나 많은 피해자가 피살됐는지 아무도 정확히 몰랐다. 그

악은 어떻게 탄생하는가

의 사실혼 애인과 공범조차도 정확한 피해자 수를 말하지 않았다.

결국 레이 사건은 레이 본인이 범행 과정 중 녹화한 〈마음의 독백〉으로 마무리를 지어야 했다.

"나와 나의 여인은 이곳에서 성 노예를 몇 년 동안 키워 왔어. 우리는 강간, 감옥 게임 등에 푹 빠졌지. 우리는 단단히 묶고 깊이 찌르는 행위를 숭배해. 성욕을 계속 발산하게 해 준다면 넌 여기에서 몇 달은 살 수 있어. 여긴 아주 재미있어. 나는 숨바꼭질도 좋아해…."

당신은 왜 범죄를
저지르지 않았는가

HOW IS EVIL BORN

제3장

사람이 있는 곳엔 시비가 있고 이익을 둘러싼 다툼과 갈등이 있다. 무슨 일이든 사람이 개입만 하면 어느 방향으로 전개될지 예측하기 어렵다. 인간은 매우 복잡한 동물이기에 '인간은 왜 범죄를 저지를까'와 같은 문제는 지극히 복잡해서 풀 수 없는 수수께끼 혹은 역사상 가장 결론 내리기 어려운 문제 중 하나다. 이에 '과연 정말 그렇게 어려운 문제일까?'라며 의문을 품는 사람도 있을 것이다.

믿지 못하겠다면 이 책을 계속 읽어 보자.

앞의 사례를 통해 범죄의 원인을 제기했지만 수박 겉핥기와 같아 깊이 있는 탐구는 아니었다. 그래서 이번엔 평소 생각하던 문제인 '왜 범죄를 일으킬까' 대신 '왜 범죄를 저지르지 않았는가'라는 측면에서 접근하여 이 '영원한 수수께끼'를 풀어 보고자 한다.

신체적 관점에서 들여다보기

실수하면 먼저 자기 자신을 반성하라고들 말한다. 그래서 모든 것의 기초인 신체에서부터 범죄의 원인을 파헤쳐 보겠다.

신체라고 하면 가장 먼저 사람의 외모가 떠오른다. 사람의 생김 새를 논할 때 빠질 수 없는 인물이 체사레 롬브로소^{Cesare Lombroso} 다. 롬브로소는 이탈리아의 저명한 범죄학자, 정신의학자, 형사인 류학파의 창시자로 유명한 인물이다. 세계 최초로 범죄인의 성격 을 연구했다.

롬브로소는 "누가 범죄를 저지를지 생김새로 알 수 있다."고 주 장했다. 이를 입증하기 위해 그는 감옥에서 범죄자 101명의 얼굴 을 분석했다.

"자자, 모두 앉아요, 한번 재봅시다!"

롬브로소는 연구를 통해 '외모로 사람을 평가하는 것'이 가끔은 필요하다는 결론을 도출했다.

눈빛이 흐릿하고 입술이 두툼하며 눈꺼풀이 두껍다면

20세 강간범은 원두증 기형이 있었다. 귀가 길고 귓불이 매우 컸으며, 앞이마는 푹 들어가고 눈은 삐뚤고 사시였으며, 코가 낮고 턱뼈가 매우 커서 생김새가 기이했다. 정신병원에서도 보기 드문 모습이었다.

롬브로소는 보통 이렇게 생기면 눈빛이 흐릿하고 입술이 두툼하며 눈꺼풀도 두껍고, 등이 굽은 사람도 있으며 대부분 병약한 강간범이라고 했다.

롬브로소는 강도의 생김새도 구별할 수 있다고 생각했다. 그들은 손이 빠르고 작은 눈으로 주위를 힐끔거린다. 눈썹은 짙고 눈썹 사이가 짧다. 이마가 좁고 귓바퀴는 강간범의 머리에 꽂혀 있는 것처럼 돌출귀 모양이다.

상습적인 살인범은 눈빛에 생기가 없고 차가우며 충혈되어 있다. 코는 매부리코인데 더 정확히 말하면 올빼미의 주둥이를 닮았고 매우 크다. 아래턱뼈가 튼튼하고 귀가 길며 광대뼈가 넓다. 머리카락은 곱슬곱슬하고 수북하다. 수염은 별로 없으며 송곳니가 매우 크고 입술은 얇다. 안구 떨림이 자주 나타나고 송곳니가 드러

나서 웃는 얼굴이지만 진짜 웃는 게 아니라 협박하는 것 같다.

　이는 롬브로소의 '용모 연구'의 일부분일 뿐이지만 우리가 탐색하고자 하는 질문에 명확한 답을 제시했다.

"당신은 왜 범죄를 저지르지 않았는가?"

"범죄자의 외모를 가지고 있지 않기 때문이다."

　이에 반대 사례를 열거하거나 변증법을 제시할 필요는 없다. 사람들은 롬브로소의 관점이 너무 확정적이고 편향적이라고 생각한다. 건장하고 당당하며 우아하고 멋스러운 사람도 범죄를 저지르며 심지어 등골이 오싹할 정도로 악랄할 때도 있다. 하지만 그렇다고 해서 롬브로소의 주장이 완전히 틀렸다고 할 수 있을까? 그러면 왜 영화나 드라마에서 악역은 여전히 전형적인 부정적 이미지로 분장하고, 일부 업계는 고객 응대 직원에게 건강하고 환한 이미지를 요구할까?

　물론 롬브로소의 '범죄인론'으로 복잡한 범죄 원인을 해석하기에는 너무 미약하므로 참고 정도만 하면 된다.

　육체 영역에서 용모에 대해 생각했으니 이번엔 체형이다. 일부 심리학자들은 범죄가 체형과도 관련이 있다고 생각하고 사람의 체형을 네 유형으로 나눴다. 그랬더니 중배엽형 체형을 가진 사람이 더 많은 범죄를 저지르는 사실을 알아냈다. 그들은 그럴 마음도 있고(모험과 경쟁을 좋아한다) 힘도 있기 때문이다(근육이 많다).

일반인보다 고통에 덜 민감하다

몸매와 체형에 관한 이론으로 인간의 범죄 원인을 해석할 수 없다는 주장을 롬브로소는 받아들이지 않았다. 그는 "더 심도 있게 연구해야 한다"며 사색에 빠졌다. 그리고 그의 연구 영역은 육체의 형태에서 육체의 감각으로 확장됐다.

조직폭력배는 문신을 좋아한다. 목욕탕에 가면 다가가기 무서울 정도로 전신에 화려한 문신을 한 조직폭력배를 볼 수 있다. 왜 범죄자들은 문신을 좋아할까? 롬브로소는 그들이 문신의 도안을 좋아한다기보다 문신과 같은 고통스러운 시술을 좋아한다고 판단했다. 롬브로소는 범죄자들이 보통 사람들보다 고통에 덜 민감하다고 생각했다. 이를 증명하기 위해 그는 감옥에서 간수와 교도소 의사의 입회 아래 조사를 진행했다. 그 결과 많은 사례가 그의 생각을 입증했다.

나이 지긋한 강도의 음낭에 붉어질 정도로 달아오른 쇳덩어리를 놓았는데도 신음 소리 하나 내지 않았다. 잠시 후 그는 아무렇지 않다는 듯 "다 됐어요?"라고 물었다.

한 죄수는 발을 절단한 후 그것을 가지고 놀았다.

한 살인범은 퇴역한 노병이었다. 그는 교도소장에게 감옥에 남아 있게 해달라고 했다. 교도소를 나가면 끼니를 해결할 방법이 없다는 것이었다. 하지만 교도소장이 이를 거절하자 숟가락으로 자신의 창자를 찌른 후 조용히 계단을 올라가서 평소처럼 침대에 누웠다. 몇 시간 뒤 그는 사망했지만 어떠한 신음도 내지 않았다.

또 다른 살인범은 다른 감방으로 가지 않으려고 일부러 자신의 다리를 부러뜨렸다. 한 도주범은 자신의 특징을 감추기 위해 화약을 터트려 이 세 개를 뽑았다. 또 다른 강도는 마차를 공격하다가 칼에 찔려서 팔이 잘렸다. 그는 아무렇지도 않게 또 다른 손으로 잘린 팔을 집어 들고 집으로 가져가서 잘린 팔을 끌어안고 출혈 과다로 숨졌다.

비슷한 사례는 정말 많다. 이 범죄자들은 정신에 문제가 있는 것은 아닌지 의심이 될 정도로 무감각하다. 마치 자신의 신체를 가리키며 우리에게 이렇게 말하는 듯하다.

"팔을 보는 거야? 이 형님에게 말만 해! (칼로 썰어 낸 후) 난 필요 없으니 너에게 줄게!"

'목석같은 둔한 감각'은 확실히 범죄를 초래하는 이유 중 하나라고 할 수 있다.

"당신은 왜 범죄를 저지르지 않는가?"

"그들처럼 감각이 둔하지 않기 때문이다."

하지만 피해자에게 비정한 행위를 하고 시신을 엉망진창으로 훼손하는 범죄자 중에, 자신의 작은 상처 하나도 용납하지 않는 사람도 있다. 또 어떤 범죄자는 눈 하나 깜짝하지 않고 살인을 저지르지만 반려동물은 끔찍이 사랑한다. 영화 〈양들의 침묵〉에서 사이코패스 살인마는 사람의 가죽을 산 채로 벗길 수 있지만 반려견이 작은 상처라도 입으면 어쩔 줄 몰라 한다.

범죄자는 원시 시대로 회귀한 모습

롬브로소가 설명한 범죄자 외모의 특징을 간단히 정리해 보자.

-모발이 적다.

-머리뼈 용적이 작다.

-이마가 퇴축됐다.

-뼈의 봉합이 단순하다.

-뇌두개골이 두툼한 편이다.

-아래턱뼈와 광대뼈가 돌출됐다.

악은 어떻게 탄생하는가

-안와가 비뚤어졌다.

고대 인류의 외모와 비슷하지 않은가? 그래서 롬브로소는 인간의 범죄는 원시의 시대로 회귀하는 모습이라고 했다.

고대에 '범죄'라는 말은 없었다. 그 시기 우리는 야생 동물과 영역 싸움을 벌이고 식량을 더 차지하기 위해 다퉜으며 '우아'하면 생존할 수 없었다. 인간은 동물과 비슷한 삶을 살았던 것이다. 교배하기 전과 교배의 과정에서 인간은 여성을 굴복시키기 위해서든 경쟁 상대를 이기기 위해서든 무섭고 피비린내 나는 투쟁을 했다. 세계의 많은 부족은 신랑이 매복해 있다가 신부가 다가오면 쓰러트려 감싸 들고 동굴 방으로 들어가는 풍속이 있다.

더 잔인한 곳도 있었다. 고대 로마에서 강간에 저항하면(남자도 포함해서) 몸이 조각났고, 시신 머리를 복원할 수도 없었다. 또 고대 로마, 고대 그리스, 고대 중국에서는 동성애나 영아를 익사시키는 것을 범죄시하기는커녕 민족의 풍속으로 간주했다. '밉보인' 영아는 당연히 버려졌다. 이는 대자연의 우승열패 법칙이다. 즉, 우수한 자는 이기고 졸렬한 자는 패하는 것이다.

이러한 사실은 우리에게 한 가지 사실을 알려 준다. 가장 잔인하고 공포스럽고 인성이 사라진 범죄의 배후에 원시의 상태로 돌아가려는 현상Atavism, 즉 동물적 본능이 존재한다. 우리는 사회에서 생활하고 교육, 법률, 형벌의 제약을 받아 이런 본능이 감퇴되었다. 하지만 일정한 환경의 영향을 받으면 그것들이 갑자기 촉발되어 생물을 죽이지 말라는 계율을 연다.

"당신은 왜 범죄를 저지르지 않았는가?"
"원시 상태로 되돌아가지 않았기 때문이다."

남녀 범죄의 방식이 다른 것은 진화의 결과

보통 남성이 여성보다 공격성이 강하다고 하는데 진화의 관점에서 봐도 이는 사실이다. 남성의 행위는 수사자와 비슷하다. 수사자 역시 사회적 동물이다. 사자 무리 중 수사자는 주변을 순찰하고 자리를 빼앗기 위해 침입하는 수사자를 막는다. 또 수사자는 나무 위, 기타 동물의 몸에 자신의 소변을 뿌려 흔적을 남기고 세력 범위를 확정한다.

소변 뿌리기 경쟁은 인류 사회에서도 행해진다. 다만 정말 다른 사람의 몸에 소변을 보는 것이 아니라 상징적인 수법을 사용한다. 사업가는 신제품을 과장해서 홍보하고 신임 CEO는 '경쟁 상대를 처분'한다. 정말 살인을 저지른다는 뜻은 아니고(통상적으로 그렇다) 모든 투쟁에서 승리자의 우위와 특권을 갈망한다. 인류가 대초원을 떠나 세계 여러 지역으로 떠돌기 시작한 이후로 남성은 종족의 테두리를 수호했고 여성은 그 안에서 아이를 키우고 음식을 준비하며 남성이 사냥감을 가져오길 기다렸다. 오늘날 우리가 사용하는 도구, 언어 그리고 우리가 입는 의복, 사회 구조는 많이 달라졌다. 변하지 않은 것은 인간의 뇌다.

그래서 사람들은 어떤 측면에선 남성이 더 쉽게 폭력 범죄를 저지를 수 있다고 생각한다. 이는 남성 고유의 체력과 정신, 남성 호르몬, 고대 수렵하던 시절의 지위가 결정한 것이다. 여성은 상대적으로 '본분을 지키고 착실'하다. 하지만 남녀 모두 범죄를 저지른다. 다만 방식과 방법이 다를 뿐이다. 여성의 매음은 원시 상태로 돌아가려는 현상이다. 매음하는 대다수 여성은 모성이 부족하다. 여성 범죄자는 남성처럼 태생적인 신체적 우위는 없지만 심리적으로 남성 범죄자보다 더 무섭고 잔인하다. 롬브로소가 말했다.

"남자보다는 여성과 아이에게 비슷한 특징이 더 많다. 여성과 아이는 복수와 질투를 잘한다. 여성은 극단적이고 잔인한 보복을 하는 경향이 있다."

여자가 한을 품으면 오뉴월에도 서리가 내린다고 하지 않는가.

뇌과학 관점에서
들여다보기

　지금까지 생김새, 체형을 이야기했는데 모두 '얕은' 측면에 머물러 있다. 더 깊은 수준으로 범죄의 이유를 탐구하고 싶다면 '고차원적이고, 대범하며, 고급스러운' 뇌를 연구해야 한다.

　모두 알다시피 인간의 뇌는 세상에서 가장 복잡한 존재다. 뇌는 수천억 개의 뉴런이 있고, 다양한 기능 구역이 있다. 복잡한 문제를 간단히 보기 위해 모두에게 익숙한 사물인 자동차의 운행 메커니즘으로 비유해 보겠다.

　물론 자동차의 금속 껍데기 안에도 셀 수 없이 많은 부품이 있지만 일단 시동을 걸면 모든 부품은 기본적으로 가속 페달, 브레이크, 스티어링 휠을 중심으로 움직인다.

　인간의 희망, 욕구, 취향, 충동 등은 자동차의 가속 페달과 스티어링 휠에 해당한다. 한 심리학자의 표현에 따르면 바로 '구동'이다. 한편 우리의 뇌에서 이 구동을 제약하는 부분이 바로 자동차의 브레이크에 해당한다.

뇌를 조금 더 자세히 들여다보면, 뇌에는 '유치'한 신경 중추(초급)와 '성숙'한 신경 중추(고급)가 있다. 유치한 신경 중추는 '항렬' 관계 때문에 주로 '자투리' 구역에 분포한다. 이들은 주변 환경을 분석하여 우리에게 안전한 것과 위험한 것을 알려 위험할 경우 구조 요청을 하게 한다. 다만 이런 반응은 심사숙고 끝에 위기 상황을 안전하게 바꾸는 신중한 사유를 통한 것이 아니라 잠재의식에 따른다. 유치한 신경 중추는 기본적인 구동(목이 마르다, 배가 고프다)과 관련 있고 성숙한 신경 중추의 교정(무엇을 마실 수 있는가, 무엇을 마실 수 없는가, 무엇을 먹을 수 있는가, 무엇을 먹을 수 없는가)을 거의 받지 못한다. 이를 자동차의 가속 페달과 스티어링 휠로 보면 된다.

성숙한 신경 중추는 전두엽, 측두엽, 두정엽, 후두엽 등 뇌의 핵심 구역에 분포하여 지휘자 역할을 한다. 특히 인간의 전두엽은 동물보다 발달했다. 인간의 성숙한 신경 중추는 매일 외부에서 들어오는 각종 데이터를 비교하고 통계를 내어 판단을 내린다. 어떤 선택이 우리의 이익에 가장 부합하고 무엇이 타산에 맞지 않는지, 선택에 따라 어떤 무서운 결과를 가져오고 해가 되는지 판단한다. 이는 자동차의 브레이크와 유사하다.

이제 구체적인 사례를 통해 개인이 범죄를 저지를 때 우리의 뇌는 어떤 상황인지 살펴보자.

사례를 소개하기 전에 '작은 파트너' 넷을 소개하겠다. 이들은 뇌의 핵심 구역에서 '브레이크' 기능을 담당하는 기관이다.

· 편도체

편도체는 측두엽 양쪽에 마주하고 있는 기관이다. 편도체는 기억을 포함해 많은 기능을 한다. 하지만 근처의 해마에 비해 편도체의 기억은 '매우 모호'해서 잠재의식에 속한 기억 혹은 '지하 노선'을 걷는다고 표현하면 잘 어울리겠다. 반면 해마는 의식이 있는 기억을 저장한다.

그러나 이는 중요하지 않다. 편도체는 감정 처리라는 또 다른 중요한 기능이 있다. 편도체는 외부 자극에 대해 기뻐해야 하는지 괴로워해야 하는지 감정적인 저울질을 한다. 우연히 돈을 주우면 신이 나지만 넘어져서 엉덩방아를 찧으면 괴롭다. 하지만 편도체가 손상되면 자극에 대한 적절한 반응에 영향을 미친다. 간단히 말해 돈을 주우면 괴롭고, 넘어지면 신이 날 수도 있다.

· 측좌핵

측좌핵 역시 마주 보고 있는 기관으로 전두엽 아래쪽에 있다. 측좌핵은 주로 기쁨, 즐거움, 중독, 공포를 통제한다. 약물 중독은 측좌핵의 도파민 사용량 증가와 관련 있다. 측좌핵 자체에 이미 도파민이 가득한데 더 많은 사용량이 들어가면 혼란을 초래한다. 그러면 측좌핵은 즐거움의 정도를 통제할 수 없고 사람도 자연스레 '방탕'해진다.

측좌핵의 또 다른 기능은 우리 앞에 놓인 수많은 것들 중 무엇이 중요하고 덜 중요한지 우선순위를 정하는 것이다.

• 전대상피질Anterior cingulate cortex

전대상피질은 전두엽, 측두엽, 두정엽, 편도체와 연결된다. 전대상피질의 중요한 역할 중 하나는 뇌의 오류 방지 시스템이다. 전대상피질은 갈등을 모니터링하고 통제와 결정의 과정을 돕는다. 하지만 갈등을 해결하기 위해 다른 '부문'에 제안만 할 뿐 다른 '부문'이 어떻게 행동할지는 관여하지 않는다. 또 전대상피질이 제시한 '건의 사항'은 사회적으로 수용할 수 있는 가장 적합한 행위가 아니라 뇌가 당시 생각한 자신의 이익에 가장 부합하는 행위다. 이 행위가 나중에 다시 생각해 보니 가장 어리석고 무서운 행위라고 하더라도 그렇다. 이런 의미에서 전대상피질은 '권위적인' 제안을 제시하기만 하는 배심원이다.

• 안와전두피질Orbitofrontal cortex

안와전두피질은 전두엽의 아래, 눈 뒤쪽에 위치한다. 안와전두피질은 최종 결정을 책임지고, 어떤 행위가 일으킬 수 있는 결과에 최후의 평가를 내린다. 바꾸어 말하면, 안와전두피질은 행위를 이행하기 전 마지막 경계선이다. 만약 안와전두피질이 부결권을 행사하면 낭떠러지에서 달리는 말고삐를 부여잡듯 위험한 상황을 피할 수 있다. 따라서 안와전두피질이 손상되면 강박성 도박, 알코올 및 마약 남용, 성욕 항진 등을 초래한다.

이 네 파트너는 종속관계다. 회사에서 승인이 필요한 서류는 상사의 결재를 받은 후 부사장을 거쳐 사장의 승인을 얻듯이 어떠한 행위가 발생하려면 편도체, 측좌핵, 전대상피질, 안와전두피질 순으로 '심사'를 해야 한다.

예를 들어, 마약 중독자가 코카인에 대해 강한 욕망을 드러낸다. 이때 뇌의 '가속 페달'이 밟힌다. 이어서 '스티어링 휠'이 마약 복용을 위한 구체적인 행위를 지시한다. 다음 단계는 '브레이크' 시스템이 이를 판단하고 조정한다. 하지만 이미 마약에 중독되었기 때문에 제지해야 하는 '브레이크 시스템'의 반응은 정상인과 다르다.

• **편도체**: 코카인이 가져올 무서운 결과에 대한 공포감을 무시하

고 코카인을 복용했을 때의 짧은 흥분을 추구한다. 그러므로 경고 신호를 보내지 않고 자신의 상급인 측좌핵에 '찬성' 정보를 전달한다.

'아주 좋아, 어서 이 행위를 승인해!'

• **측좌핵**: 측좌핵의 주요 임무는 우선순위 판단이다. 정상적인 사람은 한가한 저녁에 다양한 일 중 하나를 선택해 시간을 보낸다. 친구를 부르든가 영화를 보거나 탐정 소설을 읽는 등 할 일은 많다. 하지만 마약 복용자는 마약밖에 보이지 않는다. 측좌핵이 마약은 '좋은 생각이 아니다'라고 의식해도 그 목소리는 너무 미약해서 욕망에 전복된다. 그래서 상급에 보고할 때 이렇게 말한다.

'모든 상황을 종합적으로 고려하면, 아무래도 코카인을 복용하는 게 낫겠어!'

• **전대상피질**: 전대상피질은 건의만 한다. 전대상피질은 이미 기본적으로 방향을 잃었고 그 역할도 망가졌다.

'좋아, 좋아. 너희 둘(편도체와 측좌핵)이 말한 대로 할게! 안와전두피질, 들었어?'

• **안와전두피질**: 최후의 결정자인 안와전두피질은 이 지경까지

이르렀다면 생사와 직결된다는 것을 안다. 하지만 오랜 시간 욕망의 세 '부하'와 투쟁하면서 이미 지칠 대로 지쳤고 그들을 억제하지 못한다.

'좋아, 그럼 그렇게 하자!'

이렇게 마약 복용에 파란불이 들어온다. 다음은 '범죄를 저지를 때 뇌 내부의 상황'에 관한 사례다. 이 사례의 범인은 A, 피해자는 그의 아내 B다.

A는 자기애가 충만하고 외도를 즐기는 남성이다. 그는 여성 B가 마음에 들지 않는다. 그녀가 융통성이 없고 매력적이지 않다고 생각했다. 회사에서 중간 관리자인 A는 다른 사람의 이목을 중시하고 허세도 부렸다. 정말 필요하지 않은 물건이라도 여유롭고 행복하게 사는 것처럼 보이기 위해 손에 넣었다. 어느 날 그는 최신형 스포츠카를 갖기 위해 주식에 많은 돈을 투자했다가 큰 빚을 지게 되었다.

남자들에게 일생 중 기쁜 일 세 가지는 승진, 벼락부자, 아내의 죽음이라는 우스갯소리가 있다. A는 하늘의 뜻을 기다리기에는 인내심이 부족했다. 그는 빚을 갚으려면 B의 사망보험금이 필요했다(수익자는 A였다). 그래서 A는 B를 죽이고 '묻지 마 공격'을 당한 것처럼 조작하는 완전 범죄를 계획했다.

결혼 3주년을 며칠 앞둔 어느 날, A는 B를 외진 바닷가로 유인한 후 총으로 그녀를 쏴 죽였다. 그런 후에 자신의 손과 가슴에도 총을 쐈다. A는 경찰에게 강도를 당했지만 날이 어두워서 범인의 얼굴은 잘 보지 못했다고 진술했다.

뇌가 일을 처리하는 과정에 따르면 그의 머릿속은 이런 모습일 것이다.

- **가속 페달**: '난 돈을 원해! 돈이 많이 필요해! 빚도 갚고, 즐겨야 하니까! 난 여자를 원해, 예쁘고 섹시한 여자!'
- **스티어링 휠**: '아내를 죽이면 모든 것을 가질 수 있어!'
- **브레이크**:

① 편도체 - 정서 반영

살인을 저지르고 체포당한 후의 결과를 무서워하지 않고 그 행위를 변명한다.

'위험? 당연히 있지! 난 철저히 준비됐어. 실수하지 않을 거니까 걱정할 것 없어!'

② 측좌핵 - 우선순위 확정

은행의 빚 독촉, 이혼, 파산 선고 등 나쁜 소식이 옆에서 손을 흔든다.

'진지하게 생각해 봤는데 나는 돈이 꼭 필요해. 그 돈만 있으면

채무를 상환할 수 있고 하와이로 여행 갈 수도 있어, 하하하!'

③ 전대상피질 – 건의 사항 제시

배심원으로서 건의 사항을 제시하지만 그 황당한 계획을 멈추라고 하지 않는다.

'알겠어, 경찰들은 멍청하니까 다 속일 수 있을 거야. 하지만 얼마 지나지 않아 모두 다 발각될 수 있어. 모르겠네…, 장기간 복역할지 사형 선고를 받을지… 내 결정은 반대야… 반대인 것 같아… 반대인가?'

(배심원의 소리는 너무 약하고 동요한다.)

④ 안와전두피질 – 결단 내리기

최후의 판사로서 미약한 양심보다 강력한 구동을 더 중시한다.

'양측의 변명은 잘 들었어. 우리는 경찰보다 똑똑하고 그 돈이면 많은 문제를 해결할 수 있어. 하기로 하자! 해산!'

이 사례를 통해 인간이 무섭고 사악한 행위를 고민할 때 뇌가 얼마나 복잡하고 어려운 과정을 거치는지 알 수 있다. 특히 '브레이크'의 네 파트너는 만담하듯 화려하고 빠른 속도로 의사를 전달한다. 이 사람이 어떻게 계획을 세우고 결국 욕망의 목소리가 양심의 호소를 덮는지까지 볼 수 있었다.

이제 '당신은 왜 범죄를 저지르지 않는가'라는 문제에 대한 설명이 하나 더 늘었다. 당신의 뇌는 '브레이크'의 역량이 '가속 페달'보다 커서 범죄 계획을 상상 속 바구니 안에 넣고 억누를 수 있기 때문이다.

'자동차 시스템' 이론 외에 대뇌피질의 최적 각성 수준Optimal arousal level도 범죄의 이유를 설명한다.

사람들은 날씨가 흐린 날 정신이 맑지 않고 잠을 더 자고 싶어 한다. 외부의 빛 자극이 우리 몸이 정상적으로 운영하는 데 필요한 수준에 이르지 못했기 때문이다. 어떤 사람은 매운 음식을 좋아하는데 어떤 사람은 담백한 음식을 좋아한다. 이 역시 '대뇌피질의 최적 각성 수준'과 연관이 있다. 어떤 사람은 각성 수준이 낮아서 싱거운 농담에도 크게 웃는다. 사탕 하나에도 인생이 참 달콤하고 행복하다고 느낀다. 그런데 각성 수준이 높은 사람들은 웬만해서는 웃지 않는다. 풍족한 삶을 살면서도 만족하지 못한다.

특히 사이코패스 살인범들은 '대뇌피질의 최적 각성 수준'이 선혈이 낭자하거나 길에 쓰러져 있는 시신을 봐도 각성이 활성화되지 않을 정도로 높다. 그래서 그들은 반드시 '다른 일'을 찾아야만 한다. 어떤 사람들이 자극적인 것만 찾는 것처럼 보이는데 사실 그들의 각성 수준이 높은 것이다. 평범한 자극으로는 그들을 흥분시킬 수 없다.

하지만 '대뇌의 자동차 시스템'과 '최적 각성 수준 이론'으로 범죄의 원인을 설명하기에는 아직 미흡하다. 그것으로는 환경적, 심리적 요소의 영향을 해석할 수 없기 때문이다. 예를 들어 마음이 편안하고 '건강'한 환경에서 마약이 유혹하면 브레이크를 거뜬히 밟을 수 있다. 그런데 삶이 고통스럽고 주변의 많은 친구가 마약을 복용하면 강력하게 배척하지 못한다.

범죄 원인을 해석하기 위해 가야 할 길이 아직 많이 남았다.

심리적 관점에서 들여다보기

심리라고 하면 심리학의 트로이카, 즉 행동주의, 정신분석학, 인본주의를 꺼내지 않을 수 없다. 범죄는 구체적인 행위이기 때문에 여기에서 행동주의와 정신분석학의 관점에서 알아보고 인본주의는 논하지 않겠다.

사람은 이익은 추구하고, 피해는 피하려고 한다

사람들은 하얀 도화지 같은 삶을 유지하지 않는다. 많든 적든 여러 가지 일들을 겪고 세상의 선과 악을 경험한다. 그러면 우리는 그 모든 것을 어떻게 마주하고 처리할까? 학습을 통해서다.

동물은 세상에 태어난 후 무엇이 먹이인지, 어떻게 먹이를 얻는지, 누가 적인지, 적을 어떻게 피하는지 모른다. 인생 선배의 가르

침을 따르고 쉼 없이 경험하면서 살아가는 법을 깨우쳐야 원만하게 생존할 수 있다. 그 중간에 조금이라도 잘못되면 중도에 목숨을 잃어 다른 동물의 입으로 들어간다.

인간도 마찬가지다. 원한, 분노, 질투, 음욕 등을 이겨내야 순조로운 삶을 살아간다. 만약 중간에 작은 사고라도 나면 어떻게 될까? 동물은 상대를 무자비하게 망가트리며 승리를 추구하거나 자신을 보호한다. 인간은 감옥 생활을 하거나 스스로 삶을 끝낸다.

학습은 범죄를 피하도록 도와주지만 또 한편 범죄를 저지르게도 만든다. 이제 그 배후에 자리하는 '조작성 조건 형성Operant conditioning', 그리고 이와 비교하기 위한 '고전적 조건 형성Classical conditioning'에 대해 알아보자.

우선 두 개념은 한 사람이 제시한 것이 아니다. 또 두 개념은 당연히 원리도 다르다. 먼저 고전적 조건 형성이 무엇인지 생각해 보자.

러시아 생리학자 이반 파블로프Ivan Pavlov는 개로 실험한 적이 있다. 그가 개에게 고기 한 접시를 보여 주자(보는 것은 되지만 먹지는 못하게 했다) 개는 고기를 먹고 싶어서 침을 질질 흘렸다. 그런 후에 고기를 가져가고 개에게 방울 소리를 들려줬다. 개는 침을 흘리지 않고 이리저리 배회했다. 아마 '왜 나에게 이런 쓸모없는 것을 주는 거야!'라고 생각했을 것이다. 그다음에 파블로프가 방울 소리를 들려주며 고기를 보여 주자 개는 또 침을 흘리기 시작했다. 마지막으로 고기를 도로 가져간 후 방울 소리만 들려주었는데도 개는 계속 침을 흘렸다.

'침이 멈추지 않아!'

왜 멈출 수 없었을까? 고전적 조건 형성이 개의 몸에 나타났기 때문이다. 개가 음식을 보고 침을 흘리는 것은 본능이다. 그런데 음식과 전혀 상관없는 방울 소리를 듣고 침을 흘렸다면 이는 조건 반사의 작용이다.

미국 행동주의 심리학자 스키너Burrhus Frederic Skinner는 고전적 조건 형성에 문제가 있다고 생각했다. 개는 자발적으로 어떤 행위를 해서 고기를 얻지 않았고, 어떤 행동을 하든 고기가 절로 앞에 놓였다. 스키너는 현실에서 호박이 넝쿨째 들어오는 일은 많지 않다고 여겼다. 그래서 그는 또 다른 반응 형식으로 '직접 손을 써서 먹고 입는', 즉 적극적으로 새로운 행위를 발생시키는 조작성 조건 형성을 제시했다.

스키너는 쥐를 실험 장치 안에 넣었다. 실험 장치는 안에 지렛대와 먹이통이 있는 간단한 구조였다. 쥐가 지렛대를 누르기만 하면 먹이통에서 먹이가 떨어졌다. 처음에 쥐는 상황을 이해하지 못하고 상자 안에서 이리저리 뛰어다니고 여기저기 만지다가 저도 모르는 사이에 지렛대를 눌러 먹이를 얻었다. 이후 상황을 파악한 후 쥐는 배가 고플 때마다 지렛대를 열심히 눌렀고 그렇게 '지렛대 누르기(먹이 얻기)'라는 작동 원리를 배웠다.

두 조건 형성을 비교하면 조작성 조건 형성이 고전적 조건 형성보다 강화물이 하나 더 많다. 예를 들어, 쥐는 매번 지렛대를 누르면 먹이를 얻는다.

사실 스키너와 파블로프가 있기 전부터 인간은 이익은 추구하고 해는 피한다는 행동 원칙을 제시한 철학자가 있었다. 이 철학자는 인간의 모든 행위의 원인은 두 가지라고 했다. 바로 상을 추구하고 벌을 피하는 것이다. 상은 돈, 실물 등 물질적일 수도 있고 성취감, 존재감, 사회적 지위의 상승과 인정 등 심리적인 것일 수도 있다.

그런데 왜 철학가가 이런 말을 했을까? 오래전 심리학은 독립된 학문이 아니었다. 심리학은 1879년까지 철학에 속해 있다가 철학으로부터 독립해 하나의 학문이 되었다.

조작성 조건 형성은 사람이 이익은 추구하고 피해는 피하려는 본능을 포착하고 강화물로 '유인'한다. 사람들은 저도 모르게 새로운 행위를 배우고 그 행위를 유지한다. 사실 사람들은 자신의 삶에서 언제나 '강화'되고 있다. '강화물'에는 '긍정 강화Positive reinforcement'와 '부정 강화Negative reinforcement'가 있다.

- **긍정 강화**: 어떤 행동을 한 후 격려받고, 기분이 좋고 재미있다. 앞으로도 하고 싶고, 하면 할수록 좋다. 나를 이렇게 만드는 사물은 정적 강화다. 일례로 숙제를 완성한 후 사탕을 받으면 사탕이 정적 강화다.
- **부정 강화**: 어떤 사물을 없애거나 줄이는 행위를 한 후 격려받는다. 그러면 그 행위가 재미있고, 앞으로도 하고 싶고, 하면 할수록 좋다. 나를 이렇게 만드는 사물은 부정 강화다. 숙제를 완성하면 맞지 않는다. '맞지 않는 것'이 부정 강회다.

긍정 강화와 부정 강화는 모두 어떤 동작을 할 빈도를 높이고 열심히 하도록 만든다. 그러면 행위를 저지하고 싶을 땐 어떻게 해야 할까? 바로 징벌과 감퇴다.

- **징벌**: 어떠한 행동을 한 후 충격을 받아 가슴이 아프고 슬프다. 다시는 그 행동을 하고 싶지 않다면 그것이 징벌이다.
- **감퇴**: 행동이 일어난 데 대한 강화도 없고 징벌도 없으면 그 행위는 자연스레 천천히 사라진다.

여기까지 조작성 조건 형성에 관한 내용이다.

강간과 같은 범죄의 경우, 긍정 강화와 부정 강화 중 어느 것이

효력이 없을까? 범죄가 형성되는 기본 원리는 조작성 조건 형성이다. 범죄를 실행에 옮기기 전 강간범은 상자 안에 갇힌 쥐와 비슷하지 않을까? 그들은 배가 고프고 불안하여 어쩔 줄 모른다. 현재 처한 상황을 바꿀 방법을 얼른 찾아 편안한 기분을 느끼고 싶다. 그러다 저도 모르게 자신의 '지렛대'를 찾았고 그것을 눌렀다. 상대방에게 자신과 성관계를 하도록 강박해서 결국 '먹이'를 수확하고 욕망을 채웠다. 그들이 한 번의 단맛을 보는 것만으로 끝낼까? 그들은 끝없는 욕망에 푹 빠져서 강간을 계속하려 한다.

이렇게 범죄가 형성되는 원리를 파악했는데 왜 우리는 범죄를 예방하지 못할까?

스키너는 생각했다.

'인생은 좋고 나쁨이 없다.'

인간 사회에서 범죄로 판명된 행위를 야생으로 가져가면 아무것도 아니다. 내가 당신의 물건을 훔치면 어떠한가? 약육강식은 대자연의 생존 법칙이다. 내가 배고픈데 죽여서 먹으면 또 어떠한가? 다만 문화, 사회, 환경이 사람들의 행위에 '좋다', '나쁘다' 또는 '좋은 것도 나쁜 것도 아니다'라는 라벨을 붙였다.

게다가 어떤 문화에서는 좋다고 생각되는 행위가 또 다른 문화에서는 꼭 좋은 것이 아니다. 어떤 사회의 사람들은 아이의 자위 행위를 죄악시하고 체벌을 통해 그 행위를 저지한다. 하지만 또 다른 사회에서는 아이가 아무리 큰 잘못을 해도 체벌을 용인하지 못한다.

그래서 스키너는 범죄가 사라지길 바란다면 새로운 사회를 만들어야 한다고 주장했다. 그 사회에서 모든 도덕 기준을 통일하고 어떤 행위가 범죄인지 아닌지를 명확히 해야 한다. 그런 후에 행동공학Behavioral engineering을 실현해서 그 사회의 모든 구성원이 법과 규율을 준수하도록 조작성 조건 형성 훈련을 하는 것이다.

이제 왜 범죄를 예방할 수 없는지 이해했는가? 스키너의 제안은 이룰 수 없는 임무이자 너무 높은 목표이다. 통일된 기준은 차치하더라도 조작성 조건 형성 자체 역시 허점이 많다. 행동에 대한 강화물은 그렇게 쉽게 발각되지 않는다. 또한 강화 기제 자체도 매우 복잡하다. 예를 들어 도둑질의 이유는 돈이 부족해서일 수도 있고, 자신의 '세계'에서 지위를 높여 위신을 쌓기 위해서, 또는 자극을 찾기 위해서일 수도 있다. 이 세 가지 중 어느 것을 '강화물'로 삼으면 좋을까? 강화물을 잘못 선택한다면 범죄를 막지 못한다. 그러므로 범죄 행위를 어떻게 없앨지는 어떻게 강화물을 변별하고, 강화물의 발생을 어떻게 저지하는지로 생각해 볼 수 있다. 꽤 어려운 일이다.

이제 다시 그 문제로 돌아가 보자.

"당신은 왜 범죄를 저지르지 않았는가?"

"범죄를 유발하는 '강화물'을 발견하고 '싹'을 잘라냈기 때문이다."

다음과 같은 사례도 있다.

스포츠용품을 매우 좋아하지만 그것을 살 돈이 없는 한 소년이 있었다. 그 소년은 스포츠용품 상점에 가서 도둑질을 하기로 했다. 그런데 소년이 앞으로도 도둑질을 계속할지는 그만의 '강화 작용'에 달려 있다. 만약 긍정 강화(도둑질에 성공하고 훔친 물건이 자신에게 잘 맞고 마음에 든다)를 받았다면 그는 계속 도둑질을 할 것이다. 하지만 어떠한 강화 작용도 받지 못했다면(다른 사람이 상점에 들어오거나 훔친 옷이 몸에 맞지 않는 등의 이유로 도둑질에 실패했다) 그의 절도 행위는 약화한다. 하지만 물건을 훔칠 때 현장에서 붙잡히고 벌을 받았다면 그의 절도 생애는 바로 중단된다.

몰개성화가 일탈을 부추긴다

우아하고 품격 있어 보이는 사람 중 일부는 온라인에서 익명으로 의견을 발표할 때 공격적이고 악랄한 표현도 서슴지 않는다. 왜 그런 현상이 일어나는지 이해하지 못하다가 '몰개성화'라는 단어

악은 어떻게 탄생하는가

를 접한 후 모든 것을 이해했다.

'몰개성화Deindividuation'가 무엇일까?

1970년대 한 심리학자가 중고차 두 대로 실험을 진행했다. 한 대는 국제화된 대도시에서 가장 번화한 지대 중 한 곳인 뉴욕 맨해튼 거리에 주차했다. 한 대는 중소 도시의 한 마을에 주차했다. 이 심리학자는 두 지역의 사람들이 자신의 차를 어떻게 대하는지 궁금했다.

26시간 동안 대도시 뉴욕의 행인들은 심리학자의 차를 싹 벗겨 갔다. 그뿐만 아니라 축전지, 냉각기, 공기청정기, 무선 안테나, 와이퍼, 범퍼의 크롬 도금, 휠 네 개, 로프, 자동차 왁스, 가솔린 탱크 및 유일하게 돈이 되는 물건인 타이어까지 가져갔다. 재미있는 점은 물건을 가져간 사람은 비행 청소년도 아니고 우범 지역 출신도 아니었으며 겉으로 보면 평범한 중산층 사람들이었다. 심지어 일 가족이 모두 출동해 차를 뜯어갔다.

반대로 작은 마을에서는 7일 동안 심리학자의 중고차에 호기심을 갖는 사람도 없었고 여전히 멀쩡했다. 심지어 비바람이 몰아치던 어느 날 저녁에는 길을 가던 사람이 폭우를 맞지 않도록 차를 덮어주기까지 했다.

같은 중고차인데 사람들이 차를 대하는 방식은 왜 다를까?

사실 이 실험을 하기 전에 심리학자는 가설을 하나 세웠다. 사람들의 수가 어느 정도에 이르면 개인의 '익명성'이 증대한다. 내가 한 무리의 일원이라면 나의 신분이 사람들에게 묻힌다고 생각하는 것이다. 자기 자신을 커다란 바다의 작은 물방울에 지나지 않는다고 여기며 아무도 자신을 모른다고 생각한다. 개인의 신분이 확연히 드러나지 않으면 자신의 행동에 책임을 지지 않아도 된다고 생각하고, 도덕과 법률의 구속에서 벗어나 마음대로 행동할 수 있다.

이렇듯 '집단에 가려져 사람들에게 쉽게 식별되지 않고 자신의 행위에 책임을 지지 않아도 될 때의 느낌'이 바로 몰개성화다.

뉴욕은 인구가 많아서 타인을 침범하거나 어느 집단의 재산에 손해를 끼치지만 않으면 아무도 개인에게 관심을 두지 않는다. 그래서 이곳의 사람들은 더욱 쉽게 '자아를 상실하고' 자신의 행위에 책임지지 않으며 '폐기된' 중고차를 상대로 '헛된 욕심'을 부린다. 심지어 지나가던 행인은 발걸음을 멈추고 물건에 손을 댄 사람과 아무렇지도 않게 대화를 나눈다.

반대로 작은 마을에서는 모두가 서로 알고 지낸다. 일탈 행위를 하면 곧 주변 사람들의 대화거리가 되고 비난의 대상이 되므로 사람들은 차마 '경거망동'하지 못한다.

'몰개성화'는 크게는 대학살, 폭력 단체부터 작게는 무리들의 약탈과 폭행, 공항 소요 등까지 집단 범죄의 이유를 해석하는 데 유용하다. '몰개성화'의 선결 조건은 일단 사람이 많아야 한다는 것이다. 사람들이 어느 정도 규모로 모여야 집단 안에서 구성원으로 함몰되어 개인의 신분을 잘 감출 수 있다. 혹은 같은 위장을 하고 같은 가면을 쓰거나 타인과 똑같은 옷을 입거나 어두운 밤이라면 많은 사람들과 함께 있는 것과 같은 효과를 낼 수 있다. 개인 신분이 감춰지면 사람들은 '변장'한 영화 속 캐릭터처럼 학대성, 공격성, 폭력성 등이 몇 배는 증가한다.

이 현상은 고대 전쟁에서 적진에 깊숙이 쳐들어가는 용사들이 왜 가면을 쓰고 갑옷을 걸치고 전신 무장을 하는지 설명한다. 당대의 전사, 유격대들은 같은 복장을 해서 몰개성화의 효과를 달성했다. 이는 왜 조직폭력배의 구성원들이 대낮에는 정장을 차려입은 모습을 보이지만 밤에는 눈 하나 깜짝하지 않고 살인을 저지르는 무서운 사람들이 되는지 설명한다. 또한 사람들이 현실에서는 언행을 조심하지만 온라인에서는 이성을 잃고 온갖 악성 댓글을 쓰는지 그 이유도 설명해 준다.

그다음 '몰개성화'가 성공할 수 있는 또 다른 조건은 분위기다.

분위기의 힘은 얼마나 클까? '스탠퍼드 감옥 실험'을 보면 쉽게 이해할 수 있다.

미국의 유명한 심리학자 필립 짐바르도Philip Zimbardo 박사가 이

스탠퍼드 감옥 실험을 진행했다. 짐바르도에 대해서는 낯설지 않을 것이다. 현재 세계적으로 많이 읽히는 심리학 교재 『심리학과 삶』, 『심리학: 핵심 개념Psychology: Core Concepts』을 집필했기 때문이다.

'스탠퍼드 감옥 실험'은 스탠퍼드 대학 심리학과 교수동의 지하실에서 일어났다. 그곳에서 짐바르도와 동료들은 물리적 환경이나 심리적 환경이 진짜 감옥과 거의 비슷한 가짜 감옥을 만들었다. 감방, 죄수복, 죄수 번호, 통일된 제복을 입은 교도관, 신분 식별을 방지하는 요소(교도관이 쓰는 선글라스 등)까지 세심한 부분도 신경 썼다. 학생 지원자는 임상 심리학자의 인터뷰와 심리 테스트를 거쳐 선발되었고, 그들은 심신 건강과 정서적 안정을 보장받고 매일 15달러 정도의 보수를 받기로 했다.

이 실험에는 교도관과 죄수라는 두 역할이 필요하다. 이는 동전 던지기를 통해 임의로 선출했다. 그런 후에 '죄수'가 갑자기 '체포'되면 바로 경찰차를 타고 감옥으로 끌려 들어온다. 그곳에서 그들은 수갑을 차고 신체검사와 지문 채취를 하고 서류를 작성한 후 획일화된 죄수복을 입었다. 마지막으로 죄수 세 명씩 약 5제곱미터 크기의 감방으로 보내졌다.

교도관은 선글라스를 끼고 똑같은 제복을 입어 몰개성화의 목적을 이뤘다. 그들은 권력의 상징인 곤봉, 감방 열쇠, 호루라기, 수갑

악은 어떻게 탄생하는가

도 가지고 있었다. 죄수는 무슨 일을 하려면 교도관에게 물어보고 허락을 받아야 했다.

각자 자신의 역할에 충실하자는 '분위기'는 천천히 마력을 발휘하기 시작했다.

"겨우 6일 만에 교도관과 죄수들은 자신의 생존 법칙을 아주 노련하게 장악했습니다. 4일째 되던 날, 죄수 세 명이 히스테리를 부리며 울고 혼란스러워했습니다. 정신이 맑지 않고 중증 우울 증상이 나타났지요. 그래서 어쩔 수 없이 조기 석방을 시킬 수밖에 없었어요. 다른 죄수들도 애걸복걸하며 보수는 모두 돌려줄 테니 하루빨리 석방시켜 달라고 애원했습니다."

교도관의 삼 분의 일이 직권을 남용하고 죄수를 학대했으며 죄수에게 비인간적인 상해를 입혔다. 다른 교도관은 규칙을 엄격히 지켰지만, 죄수를 대할 때는 마찬가지로 매우 엄격했으며 동료들의 직권 남용 현상을 묵인했다. 더욱이 죄수를 위해 정의를 구현하길 원하는 사람도 없었다. 이 현상은 현실 감옥에서도 흔히 나타나는 현상이다.

"감옥에서 16개월 복역 후 형기가 만료되어 출소한 죄수는 이 가짜 감옥에 들어갔을 때 묵직한 압박감이 밀려왔고 살기를 느껴 숨을 쉴 수 없었다고 했다. 단 1초도 더는 머무를 수 없을 것 같아서 그곳에서 도망치듯 빠져나왔다고 한다."

이런 상황으로 인해 짐바르도 교수는 원래 2주로 계획한 실험을 6일 만에 급히 끝냈다.

그는 결론을 하나 도출했다.

"많은 사람 또는 대다수의 사람들은 심리적으로 압박감이 있는 상황에 놓이면 그들이 정상일 때의 도덕감, 가치관, 세계관 그리고 종교가 어떠했든 그것을 다 '초기화'하고 상상하지도 못한 일을 한다."

이렇듯 '분위기'는 놀라운 효과를 발휘한다.

"당신은 왜 범죄를 저지르지 않았는가?"
"'몰개성화'되지 않았기 때문이다."

범죄를 저지를 수 있는 위험 요소

사람은 태어난 이후 신체적, 심리적으로 계속 성장한다. 프로이트의 '성격 발달 이론'은 구순기, 항문기, 남근기, 잠재기, 생식기의 다섯 가지 시기로 나눈다. 이 이론에 따르면 사람이 성장하는 시기마다 대면해야 하는 심리적 갈등이 있으며, 갈등의 종류는 천성적인 성적 에너지(리비도)가 어느 부위에 모이는지로 결정된다. 예를 들어 구순기는 리비도가 입 부위에 모이는 것인데, 이 시기

악은 어떻게 탄생하는가

사람은 주로 빨기, 물기 같은 동작을 통해 욕구를 충족한다. 만약 이 시기의 심리적 갈등을 해결하지 못해서 욕구를 충족시키지 못하면 그 사람의 심리는 영원히 그 단계에 머무르게 된다. 육체는 자라났지만 아직 '어린아이'의 심리를 유지한다는 것이다. 따라서 이런 사람은 성년의 신체로 아이가 저지르는 실수를 저지른다. 흡연, 마약 복용, 폭음, 구강성교 중독 등이 심리가 구순기에 머물러 있을 때 발생하는 문제다.

프로이트와 비슷한 관점을 제기한 사람이 있다. 다만 더 후대에 태어난 그의 관점이 조금 더 완벽에 가깝다고 생각한다. 그의 주장은 생물학의 영향을 고려했을 뿐 아니라 문화와 사회적 영향을 고려해서 '성격 발달 이론'의 2.0 버전이라고 할 만하다. 그는 바로 프로이트의 딸 안나 프로이트의 제자 에릭 에릭슨Erik H. Erikson이다.

에릭슨은 사람의 일생을 여덟 단계로 나눌 수 있고, 단계마다 특정 발달 과업이 있다고 생각했다. 과업 완수의 성공 여부는 두 개의 극단이다. 성공에 가까운 쪽은 긍정적인 기질을 형성하고, 성공하지 못한 쪽에 가까운 사람은 부정적인 기질을 형성한다. 사람들의 '인품'은 두 극단 사이의 어느 지점에 놓인다. 만약 잘 처리하지 못하면 부정적인 기질을 초래하여 '정체성 위기'가 나타날 수 있다. 여기서 말하는 '정체성 위기'란 사람들이 향후 범죄를 저지를 수 있는 거대한 위험 요소다. 그러면 이 여덟 개의 '정체성 위기'가 각각 무엇인지 살펴보자.

• 제1단계: 신뢰 대 불신(0~1세)

과업: 생리적 욕구를 만족시키면서 신뢰를 형성하고 불신을 극복한다. 이를 통해 희망의 실현을 체험한다.

영아기는 사람의 일생 중 가장 취약하고 욕구가 적은 시기이다. 따라서 신뢰와 생리적 욕구(먹고, 마시고, 용변 보고, 잠자기) 그 두 가지만 충족시키면 기본적으로 '천하태평'이다. 영아는 생리적 욕구를 충족하는 과정에서 신체의 안녕과 안전을 느끼고 주변 환경과 기본적인 신뢰를 형성한다. 반대의 상황이 나타나면 영아는 주변 환경을 의심하고 신뢰하지 않는다.

이 단계는 프로이트의 '성장 발달 이론'의 구순기와 비슷하면서도 다르다. 구체적인 해석에서 많이 확장되었기 때문이다. 에릭슨은 입술이 이 단계에서 욕구를 충족시킬 수 있는 중점적인 부위긴 하지만 입술이 외부와 교류하고 상호 작용하는 점이 더 중요하다고 강조했다. 영아가 어떤 물건이든 입으로 가져가기를 좋아하는 것은 그들이 주변의 물건과 자신을 합치고 싶어하기 때문이다. 에릭슨은 영아의 이런 행동을 '구강 합병'이라고 불렀다. 영아는 이 방식으로 신뢰를 형성할 수 있다.

또 영아가 신뢰감을 형성하면 구순기의 제약에서 벗어날 수 있다. 어머니와의 상호작용을 통해 어머니가 자신의 사랑과 보살핌(어루만지기, 속삭임)을 아이에게 전달하면 아이는 따뜻함과 사랑을 느끼고 신뢰를 형성한 후 자신의 기쁨을 어머니에게 돌려준다. 이는 태어나서 처음으로 하는 '사회생활'이다.

인생의 최초 단계에서 신뢰를 형성했다면 이후 사회에서 쉽게 믿고 만족할 수 있는 사람이 된다. 그렇지 않다면 의심이 많고 끝없이 탐욕을 부리는 사람이 된다.

이 단계에서 정체성 위기는 의심을 많이 하는 것이다.

• 제2단계: 자율성 대 수치심(1~3세)

과업: 자신감을 얻고 수치심을 극복하며 의지의 실현을 체험한다.

에릭슨은 이때의 유아는 적합한 대소변 습관을 기르는 것 외에 좁은 공간에서 머무르는 것에 불만을 느끼고 새로운 세상을 갈망한다고 생각했다.

이 단계는 프로이트 '성격 발달 이론'의 항문기와 비슷하지만 내용적으로 역시 더 확장되었다. 항문이 어떤 일을 하는지 다 알고 있다. 괄약근의 수축과 확장을 통해 대변의 배출을 제어한다. 에릭슨은 여기에서 프로이트가 지칭하는 구체적인 항문 부위에 얽매이지 않고 이 '작동 원리'를 아동 신체의 다른 각종 활동으로 확대했다. 예를 들어 이 단계에서 아동의 표현은 항문 활동과 비슷한 특징이 있다. 그들은 물체를 잡았다가 놓는다. 어른을 잡고 매달렸다가 또 어른 곁에서 멀어지기도 한다. 요컨대 '유지와 배제, 견지와 포기가 함께 존재하는' 가까워졌다가도 멀어지는 상태다.

마찬가지로 이 시기 아동의 심리는 약간의 자신감(독립적으로 걸어 다닐 수 있고 스스로 음식을 섭취한다)이 생기고 자신이 조금이나마 주변을 통제할 수 있다고 생각한다. 또 다른 한편 자신의 갑작스러운 '성숙'을 불신하고 부끄러워서 위축된다. 그러므로 이때 성인과 아동의 관계는 혹독한 시험을 치른다. 성인은 적정한 '선'을 파악하는 법을 배워야 하기 때문이다. 아동이 자신감을 가지고 적당한 자유를 누릴 수 있도록 인도하면서도 적절히 통제해야 한다. 그러면 아동의 관용과 자존감 있는 성격을 형성할 수 있다. 그렇지 않으면 아동은 수치심을 느끼고 자신감이 떨어진다.

이 단계의 성장 과업이 얼마나 완성되느냐에 따라 향후 사회생활에 적응하고 법과 규율을 준수할지 결정된다.

이 단계의 정체성 위기는 열등감과 무절제다.

• 제3단계: 주도성 대 죄책감(3~6세)

과업: 자발적으로 죄책감을 극복해 목적의 실현을 체험한다.

이 단계는 프로이트 '성격 발달 이론'의 남근기에 해당한다. 에릭슨은 음경의 활동 방식에서 이 단계의 활동 특성을 확대하고 그 것을 '침입'이라고 표현했다. 에릭슨은 '침입' 활동을 생식기에만 국한하지 않고 신체를 이용해서 타인의 신체를 공격하고 침범하는 행위까지 포함했다. 성적 언어로 다른 사람의 귀와 마음을 침입하고, 타인의 공간을 침입하며 무한한 호기심으로 미지의 사물에 침입한다.

이 단계의 아동은 더 많은 자유를 누리고 언어와 행동을 통해 자신의 환경을 탐색하고 확충한다. 사회 역시 그들에게 도전을 제시하고, 목적성을 가지고 자발적으로 나아가고 행동하라고 요구한다. 이런 상황에서 아동은 외부 세계로 나아가는 것이 사실은 어려운 일이 아님을 깨닫는다. 다만 '영토를 확장'함과 동시에 신뢰하던 사람들과 갈등이 발생하고(상대방의 권위를 의심) 이 때문에 깊은 죄책감을 느낀다. 성장하는 과정에서 '대부' 역할을 했던 어른들이 사실은 대단한 존재가 아니었다는 사실을 깨달을 때 '자발적인 탐색'과 죄책감이라는 모순적인 감정이 섞인다.

프로이트는 이 단계를 오이디푸스 콤플렉스가 나타나는 시기라고 판단했다. 하지만 에릭슨은 그 관점에 동의하지 않았다. 그는 남자아이와 여자아이는 자신의 이성 부모를 좋아하는 감정이 생기지만 현실적인 관계에서 이런 감정의 비현실성을 인식할 수 있으며 점차 이성 중 자신의 이성 부모를 대신할 대상을 찾고 오이디푸스 콤플렉스는 해결된다고 생각했다.

또 에릭슨은 개인이 향후 사회에서 얻는 성취는 아동이 이 단계에서 '자발적인 탐색'을 잘할 수 있는가와 관련 있다고 생각했다.

이 단계의 정체성 위기는 죄책감이다.

• 제4단계: 근면성 대 열등감(6~12세)

과업: 근면성을 갖고 열등감을 극복해 능력의 실현을 체험한다.

이 단계는 프로이트 '성격 발달 이론'의 잠복기에 해당한다. 프로이트는 전 단계의 오이디푸스 콤플렉스가 해결되면 체내에서 조금씩 피어오르는 성적 에너지가 잠시 잠잠해지고 당분간 특별한 '위험'은 없다고 생각했다. 하지만 에릭슨은 이 단계는 아동이 계속 정력과 욕구를 투입하고 최선을 다해 자아를 개조하는 과정이므로 여전히 마음을 놓을 수 없다고 생각했다. 에릭슨에 따르면 이 시기의 아동은 이미 사회 진출을 의식하고 친구들 가운데서 한 자리를 차지해야 하며 그렇지 않으면 뒤처진다고 생각한다.

그들은 에너지를 축적하고 열심히 공부해서 학업의 성공을 추구한다. 한편 성공을 추구하는 과정에서 실패를 두려워하는 감정이 섞여 있어 '근면성과 열등감이 공존'한다. 열등감이 생기는 이유는 다양한데, 그중 하나가 전 단계 과업을 잘 완성했는가이다.

사람들의 학습, 일에 대한 태도와 습관은 이 단계에서 근면성이 얼마나 발달했는지에 따라 결정된다.

이 단계의 정체성 위기는 자기 폄하다.

• 제5단계: 정체성 대 역할 혼란(12~18세)

과업: 정체성에 대한 질문과 씨름하며 정체성을 수립한다.

이 단계는 프로이트의 '성격 발달 이론'의 사춘기에 해당한다. 사람은 일생에 두 차례의 폭풍과 같은 시기를 겪는데 한 번은 사춘기고 또 한 번은 갱년기다. 그때의 혼란, 불안, 공황, 초조함을 겪어 본 사람은 안다. 이 단계는 전 단계에서 잠잠하던 성적 에너지가 갑자기 '각성'이라도 하듯 폭발해서 모든 것을 무너뜨릴 것만 같다. 이 단계는 신체 발육이 성인에 가까워지고 사회도 더 많은 책임과 의무를 질 수 있는 나이라고 판단한다. 하지만 심리적 발육 속도는 신체를 따라가지 못하고 많은 일을 맡거나 결정할 용기가 없지만 자의 반 타의 반 어른인 척한다. 그래서 성, 일, 삶에서 어떤 역할을 해야 하는지 혼란을 겪는다(예: 성별 역할의 혼란으로 남학생은 여학생 같고, 여학생은 남학생 같다). 그래서 이 단계의 청년은 보통 의무를 짊어져야 하는 순간을 최대한 미루려 한다. 몸과 마음의 통일과 지연의 과정은 매우 힘들지만 성숙한 삶으로 가기 위해 반드시 거쳐야 하는 길이다. 이 길을 완주하면 번데기를 찢고 나와 나비가 되는 순간이 찾아온다.

이 단계의 정체성 위기는 역할의 혼란이다.

이 다섯 단계가 프로이트의 성격 발달 이론을 기반으로 제시된 이론이라면 다음의 세 단계는 에릭슨의 독창적이고 완벽한 이론이다.

• 제6단계: 친밀감 대 고립감(18~25세)

과업: 친밀감을 얻어 고립감을 회피하고 사랑의 실현을 체험한다.

이 시기에는 반려자를 찾아서 상호 간의 신뢰, 자녀 양육, 업무 조정, 함께하는 삶이 가져올 변화를 분담하고자 한다. 이 시기에 많은 사람이 연애를 하거나 배우자를 찾아 결혼한다. 물론 평생의 반려자를 찾거나 두 사람이 함께 생활하는 데 여러 가지 우연의 요소가 있고 항상 순탄한 것만은 아니다. 여기에는 '일단 대상을 찾

악은 어떻게 탄생하는가

지 못하면 어떻게 하지'라는 걱정과 '어쩌면 평생 혼자 살아야 할지도 몰라'와 같은 고독감이 존재한다. 에릭슨은 이 단계에서 '친밀감'을 얻는 과업을 완성하느냐는 사회에 만족스럽게 진출하는지에 매우 중요한 역할을 하며, 잘못하면 사회를 혐오하게 될 수도 있다고 생각했다.

'노총각과 노처녀'의 두려움은 이 단계에서 발생한다.

이 단계의 정체성 위기는 고독감이다.

• 제7단계: 생산성 대 침체성(25~50세)

과업: 생산성을 얻고 침체감을 회피하며 돌봄의 실현을 체험한다.

이 단계는 중년에 접어드는 시기다. 남성과 여성은 모두 기본적으로 가정을 이뤘고 그들의 관심사는 다음 세대로 확장된다. 여기에서 생산성은 개인의 생식 능력만 말하는 것이 아니라 주로 다음 세대의 성장을 보살피고 지도하는 것까지 포함한다. 따라서 자신의 아이가 없다고 해도 타인의 아이를 교육한다면 생산성을 가질 수 있다. 한편 생산성에 대한 믿음이 부족한 사람은 자신만의 세계에 빠져 있고, 삶이 정체된 것 같다고 느낀다. 또한 자신을 쓸모없는 존재라고 여기기 쉽다.

이 단계에서는 마음을 뒤덮고 있는 공허함과 정체감을 없애기 위해 일탈, 혼외정사 등 '중년의 위기'가 찾아온다.

이 단계의 정체성 위기는 과도한 자기 몰두, 공허, 지루함 등의 침체다.

• 제8단계: 완벽함 대 절망감(노년기)

과업: 완벽함을 얻고 실망과 혐오감을 피하며 지혜의 실현을 체험한다.

이제 인생은 마지막 단계에 들어선다. 자신의 일생에 너무 많은 아쉬움이 남지 않고 그런대로 원만한 삶을 살았다고 만족하면 바로 다음 순간 세상을 떠나도 겸허히 받아들일 수 있다. 아쉬움 없이 비교적 만족스러운 정도에 도달하기 위해 반드시 성공적인 삶(물질적 풍요로움 등)을 살아야 하는 것은 아니다. 정신적으로 높은 수준과 오랜 시간 훈련을 통해 얻은 지혜와 인생철학이 있다면 삶에 더 초연하고 수긍할 수 있다. 반대로 이에 도달하지 못한다면 죽음에 두려움이 생기고 인생이 고통스럽고 짧은 여정이었다며 혐오와 실망을 느낀다.

이 단계의 정체성 위기는 비관과 염세다.

여기까지 에릭슨의 '심리사회적 발달 단계'이다. 프로이트를 포함한 다른 사람들과 달리 그의 발달 과정은 일차원이 아니다. 즉

한 단계가 발전하지 않으면 다른 단계에 도달할 수 없는 이차원을 보여 준다. 각 단계는 발달하냐, 하지 못하냐의 문제보다 발달의 방향, 즉 방향의 좋고 나쁨이 존재한다.

마지막으로 이 여덟 단계의 '원죄'를 정리하면 '의심, 열등감과 무절제, 죄책감, 자기 폄하, 역할의 혼란, 고독감, 침체, 비관과 염세'다.

"당신은 왜 범죄를 저지르지 않았는가?"
"인생의 여덟 단계의 과업을 그런대로 완성했기 때문이다."

악마는 왼쪽에, 미치광이는 오른쪽에

흔히 미치광이와 천재는 종이 한 장 차이라고 말한다. 그래서 범죄 영역에서 미치광이와 악마를 구분하기 어려울 때가 있다.

이번엔 미치광이의 악행을 알아보자. 그들이 악마와 어떤 차이가 있는지 찾아보자.

• 미치광이 1: 리처드 체이스

체이스는 1950년 평범한 노동자 가정에서 태어났다. 그의 부모님은 자주 심한 말다툼을 벌였다. 체이스는 어렸을 때부터 학교에 불을 내거나 동물을 괴롭히기를 좋아했다. 십 대가 되어서는 더욱 기이한 행동을 보였다. 그는 인기가 많았지만 일단 여학생과 데이트를 하면 성욕이 곤두박질쳤다. 몇 차례의 발기 부전을 겪고 나서는 음주와 마약에 빠져들었다. 그는 정신과 진료를 받고 '심각한 정신병'으로 진단받았지만 의사는 그를 병원에 입원시키지 않았다.

그 후 체이스의 행동은 더욱 기이해졌다. 그는 자신의 사물함을 못으로 박았다. 누군가 그의 공간을 침입할 것 같았기 때문이다. 한번은 갑자기 응급실로 뛰어가 누군가가 자신의 동맥을 훔쳤다고 하소연했다. 또 한번은 자신의 뼈가 자기 머리 뒤쪽으로 자라나는 기분이 들었고, 또 자기의 심장이 움직임을 멈춘 것 같다고 말했다. 결국 그는 '망상형 정신분열'로 진단받았고 병세는 점점 더 심각해졌다.

체이스는 자신이 피가 부족해서 발기 부전 증상이 나타난다고 여기고 동물을 죽여서 피를 마시거나 몸에 뿌렸다. 한번은 토끼의 피를 몸에 넣으려다 사망 직전까지 갔다. 그뿐만 아니라 고양이와 개도 자주 괴롭혔다.

스무 살이 된 후 체이스는 사람까지 죽이고 그들의 내장을 적출하기 시작했다. 첫 희생자는 남성이었다. 그다음은 여성 두 명이었고 어린아이 세 명까지 죽였다. 체이스는 성기능 장애를 고치기 위해 그들의 피를 마셨다. 그중 한 피해 여성에게 더욱 기이하고 소름 끼치는 행동을 했다. 체이스는 그녀의 유두를 잘랐고 그녀의 입 안에 배변을 보았다.

• 미치광이 2: 조지프 캘링거

조지프는 한 가정에 입양되었다. 부모는 매우 엄격해 조그만 잘 못에도 그에게 혹독한 매질을 하곤 했다. 더구나 조지프가 어렸을 때 그의 성기를 보고 비웃으며 영원히 단단해지지 않을 거라고 놀렸다. 이로 인해 조지프는 결혼 후 아이를 몇 명이나 낳은 후에도 자신의 음경 때문에 고민했다. 40세가 된 조지프는 신의 계시를 받았다고 생각하고 어린아이들을 죽여 그들의 음경을 잘라냈다. 그는 신의 말씀을 따른 것이라고 주장했다. 조지프는 자기 아들과 또 다른 남자아이도 죽였다. 간호사도 살해한 뒤 성적으로 유린했다. 그뿐만 아니라 조지프는 자신이 961살이고, 한 마리의 나비였다고 말했다.

• 미치광이 3: 무용수 모니카 벌리를 죽인 C

C는 친구를 통해 무용수 모니카 벌리를 알게 됐고 그들은 동거하기 시작했다. 두 사람은 마약에 빠졌고 C는 심각한 환각 증상까지 겪었다. 그는 자신이 지구의 주인이고 '마귀의 숭배자를 이끌어

모든 이단자를 제거하라'는 사명을 받았다고 여겼다. C는 자신을 '966'이라고 칭했다. 1966년 벽에서 세 신이 튀어나와 자신과 만났기 때문이라는 것이다. 그는 모니카를 죽이고 그녀의 시신을 절단했다. 모니카의 머리를 냄비에 넣어 삶았고 그녀의 살점 일부는 따로 저장했다가 삶아서 주변의 노숙자들에게 나눠 줬다.

• 미치광이 4: 정신분열증 환자 D

D는 40대 정신분열증 환자였다. 그는 병원에서 수차례 치료를 받았지만 일단 퇴원하면 약 복용을 멈춰 증상이 재발했다. 병이 재발했을 때 그는 FBI가 자신을 뒤쫓는다고 생각했다. 그는 사람들이 돈과 신용카드를 버려야 세상을 구할 수 있다고 믿었다. 그런 물건들이 없어져야 전쟁과 범죄가 사라질 것이라고 생각했다(어느 정도 말이 되는 것 같기도 하다). 그는 무지개나 다른 무언가가 자신을 곰으로 변신시켜 주길 기다리며 도시를 떠돌았다. 마지막으로 그는 어머니를 마귀라며 칼로 수차례 찌른 후 두 눈을 파냈다. 그가 어머니를 죽인 것은 환청으로 들린 명령에 복종하기 위해서였다. 그는 그것이 마치 '마귀를 죽여라'라는 신의 명령 같았다고 했다. 살인을 저지른 지 얼마 되지 않아서 그는 병원에서 위성이 방사성 물질을 자신의 뇌에 발사하고 있고 자신의 생명이 위험하다고 하소연했다.

악은 어떻게 탄생하는가

· 미치광이 5: 빈센트

빈센트는 서점 사장이었다. 그는 일반 서적을 팔았는데 진귀하다고 생각하는 책이 자신의 손을 떠나는 것을 몹시 아쉬워했다. 그러던 중 한 사법 경매에서 P라는 사람이 높은 경매 가격으로 빈센트의 진귀한 책을 구매했다. 며칠 후 P의 집에 불이 났고 그는 불에 타 사망했다. 몇 달 후, 사람들은 또 서점 근처에서 시신 8구를 발견했다. 모두 부유한 대학생이었고 몸에는 돈이 그대로 있었다.

경찰 수사 후 빈센트는 체포됐다. 그는 자신이 좋아하는 책이 여기저기 분산되지 않고 도서관에 소장된다는 약속을 받은 후에야 사실을 털어놓았다. 빈센트는 자신의 책을 다시 갖기 위해 P의 집에 잠입해 P를 죽이고 집까지 불태워 버렸다. 어느 날, 한 목사가 그로부터 고서를 한 권 샀는데 빈센트는 목사에게 그 책을 사지 말라고 했지만 목사는 끝까지 구매하겠다면서 빈센트가 부르는 대로 값을 치렀다.

"저는 바로 후회했어요. 나중에 목사를 쫓아가서 책을 돌려 달라고 했죠. 하지만 목사는 거절했고 저는 그 사람을 죽여야 했어요. 그런 일들은 다른 사람에게도 일어났습니다. 하지만 모두 선한 의도 때문이었어요. 과학을 위해 부를 쌓고 과학을 위해 그 보물들을 보존하고 싶었어요. 제가 잘못했다면 어떠한 처벌도 달게 받겠어요. 하지만 제 책은 그대로 두세요. 나 때문에 내 책들이 처벌받

211
제3장 당신은 왜 범죄를 저지르지 않았는가

는 것은 불공평해요."

판사가 어째서 신의 창조물을 죽였는지 묻자 그가 대답했다.

"사람은 죽을 수 있지만 책은 반드시 보존되어야 합니다. 책은 신의 영광입니다."

그는 사형 판결을 받은 후 눈물을 흘리지 않았지만 유일본이라고 믿었던 책이 유일본이 아니었다는 말을 듣고는 울었다.

이 몇 가지 사례만 봐도 정신병이 있는 사람들의 범죄와 일반 범죄는 경계가 모호하고 분별하기 어렵다. 그들은 진짜 미치광이일 수도 있고 미치광이인 척하거나 둘 다일 수도 있다. 진짜 미친 사람이라고 해도 그들이 범죄를 저지를 때는 정신이 맑은 상태인지 아닌지, 자신의 행동을 인지하는지 못하는지, 아니면 잘못이라는 것을 잘 알고 있었는지 알 수는 없다.

이런 상황을 감안하여 심리학자들은 일반 범죄자와 정신병 경력이 있는 범죄자의 다른 점을 몇 가지로 정리했다.

편집적인 정신병이 있는 범죄자는 몇 개의 단어를 유난히 많이 사용하는 경향을 보이기도 하는데, 이러한 단어는 그의 시그니처가 되지만 그의 동료가 봐도 이해하기가 어렵다. 반면에 일반 범죄자가 동료들과 암호를 설정하면 대부분 이해하기 쉽다.

일반 범죄자는 일하는 것보다 노는 것을 좋아해서 하루 종일 술

집에서 시간을 보내곤 한다. 정신병 범죄자는 절대 그렇지 않다. 그들은 매우 검소하고 고독하며 부지런하고 순종적이다. 게다가 성격이 온화하다(물론, 발병하지 않았을 때).

일반 범죄자는 그들의 행위가 대중의 비난을 받으리라는 것을 안다. 정신병 범죄자는 이를 거의 인식하지 못한다.

정신병 범죄자는 동료가 없고, 범죄를 저지를 때 알리바이를 만들 생각을 하지 않는다. 또 범죄를 은닉하려는 시도도 하지 않는다. 그들은 밝은 대낮에 넓은 광장에서 범죄를 저지른다.

정신병 범죄자는 일반 범죄자와 달리 범죄에도 그 후에 받는 형벌에 대해서도 무덤덤하다. 일반 범죄자는 눈물을 흘리며 통곡하거나 소변 실수를 하기도 한다.

일반 범죄자가 범죄를 저지르는 이유는 다양하다. 가끔은 심지어 아주 미미한 일 때문이기도 하다. 어떤 살인범은 상대방의 노랫소리가 너무 듣기 싫다는 이유로 살인을 저질렀다. 하지만 정신병 범죄자는 "나도 왜 살인을 했는지 모르겠어요."라며 범죄의 이유가 없는 경우도 흔하다.

일반 범죄자는 특별한 이유가 있을 때를 제외하고 사랑하는 사람을 살인하지 않는다. 정신병 범죄자는 먼저 자신을 혐오하고 그다음 가까운 가족과 친구를 혐오하다가 주변 사람, 국가, 나아가 모든 사람을 혐오한다.

정신병 범죄자는 자신이 한 나쁜 짓을 덮기 위해 노력하지 않을 뿐 아니라 다른 이들과 논쟁을 하고 자신의 경험을 기록으로 남기기까지 한다. 그들은 자기에게 죄가 없다고 굳게 믿고 자신의 행위는 자신을 보호하기 위해서 또 자신의 공로를 세우기 위해서라고 판단한다. 반면에 일반 범죄자는 평소 범죄를 은닉하지만 다른 범죄자와 함께 있을 때는 자신이 저지른 죄를 과시하며 자신이 얼마나 무섭고 파렴치한 인간인지 드러낸다. 그들은 자신의 행위에 변명하지 않고 오히려 과대 포장한다. 동시에 자신의 행위가 사회에 유해하다는 사실을 인정한다.

일반 범죄자에게 살인은 '수단'이다. 하지만 정신 질환자에게는 살인이 '목적'이다.

"당신은 왜 범죄를 저지르지 않았는가?"
"미치지 않았기 때문이다!"

자녀를 '망가뜨리는' 부모

부모의 양육 태도가 어떠한가에 따라 자녀를 '망치는' 과정이 될 수도 있다는 점을 염두에 두어야 한다. 아이는 세상에 태어났을 때 하얀 도화지와 같지만 부모가 '옳다'고 생각하는 방식, 부모의 꿈, 부모의 아쉬움, 부모의 과도한 관심 또는 고의적인 무시 등을 아이에게 모두 전가한다. 일은 일어났고 아이에게 주는 영향은 돌이킬 수 없다. 그래서 이 세상에 왜 '완벽한' 사람이 없는지 이해할 수 있다. 물리학의 '이상적인 상태'와 같은 가정환경이 없고 '완벽한' 부모는 더욱이 없기 때문이다.

예를 들면, 자신의 아이를 매우 사랑하는 한 여성이 있다. 적어도 그녀는 자신이 최선을 다해 아이에게 잘해 주고 있다고 생각한다. 하지만 그녀는 성격적으로 결함이 있었고 눈앞의 작은 이득이 있으면 놓치지 않았다. 그녀의 가치관은 알게 모르게 아이에게 전달됐다. 아이에게 다른 사람이 밖에 잠시 놓아둔 장난감을 가져오라고 하거나 물건을 주우면 주인을 찾아 주지 말고 집으로 가져오라고 했다. 아이는 엄마를 기쁘게 하기 위해, 또 보상받기 위해 아무렇지 않게 그런 행동을 했다. 하지만 아이는 저도 모르게 마음 깊은 곳에서 잘못된 가치관을 형성했다. 물론 이런 잘못된 생각이 성인이 된 후 많은 범죄를 저지르도록 조장하지는 않았지만 작은 것을 탐하다가 큰 손해를 보기도 했고 몇 번이나 쓰라린 경험을 했다.

부모는 아이의 신체에 영향을 주기도 하는데 자녀를 너무 사랑한 나머지 나쁜 습관을 눈감고 모른 척하는 것이다. 그들은 아이가 사탕을 물고 자는 것도 내버려 두었고 평소에 양치질을 안 해도 두둔했다. 결과는 뻔했다. 이 아이는 스무 살이 되었을 때 충치가 가득했고 저작을 담당하는 주요 기능성 치아도 다 뽑아야 했다.

이는 아주 평범하고도 소소한 사례이자 부모의 양육 '사고'의 빙산의 일각일 뿐이다. 평범한 사람의 가정이 이러한데 범죄자 부모는 말할 것도 없다. 특히 살인마라면 그들의 가정 자체가 '지옥'이고 결국 그들과 같은 '마귀'가 대물림된다.

그럼 '마귀'의 부모는 어떤 모습인지 살펴보자.

부모의 방탕한 생활과 폭행이 빚은 연쇄살인범

마이크는 사이코패스 연쇄살인범이다. 중산층 가정에서 태어난 그는 여러 형제와 함께 자랐다. 그의 부모님은 공군 중령이었고 아들에게 엄격하기로 소문이 자자했다. 마이크가 다섯 살이던 때, 아버지는 마이크의 사소한 실수를 이유로 그의 머리를 물에 잠기도록 담그며 벌을 줬다. 어머니는 알코올 중독자로 가끔 마이크가 말을 듣지 않는다는 이유로 폭행했다. 게다가 사생활이 문란해서 남편이 먼 곳으로 원정을 떠나면 술집에서 남자를 데려왔다. 게다가 마이크는 아이들 중 말을 가장 듣지 않아서 부모님의 주요 화풀이 대상이었다.

부모님의 잔인한 대우와 어머니의 방탕한 생활은 마이크가 향후 범죄를 저지르는 데 죄악의 씨앗을 심었다. 누구나 어린 시절 '반항기'를 겪는다. 이 시기의 남자아이에게는 차가운 인성, 강한 주장, 자극 추구, 거칠고 고집이 센 태도 같은 특징이 나타나며 아무리 체벌을 가해도 전혀 소용이 없다. 부모님이 이때 올바른 방법으로 인도하기보다 방법과 수단을 가리지 않고 체벌을 가하면서 아이에게 복종을 강요하면 아이의 반항심을 더욱 자극해 악순환이 이어진다. 마이크는 지속되는 폭력 속에서 성격이 점차 삐뚤어졌다.

성인이 된 마이크는 징벌 방을 만들고 싶었지만 솜씨가 부족했고 사람들을 끌어들일 사교 능력도 없었다. 그는 강제적인 결혼으로 묶어둔 다섯 명의 아내에게 화를 풀어야 했고 그녀들에게 잔혹성을 보였다. 사실 그 다섯 명의 아내는 마이크와 함께하고 싶지 않았지만 협박을 받아 신고도 하지 못한 채 복종할 수밖에 없었다. 이후 아내에게 만족하지 못한 마이크는 연쇄살인범의 길을 선택해 스무 명이 넘는 사람들을 죽였다. 그 방법이 너무나 잔인해서 그에게 고통받던 피해자들은 차라리 어서 죽기만을 바랄 뿐이었다. 일부 범죄 다큐멘터리 작가는 그의 악행에 대해 이렇게 말했다.

"너무나 사악하고 말로 표현하기 어려울 정도로 악랄합니다. 소름 끼치는 피비린내가 아직도 느껴지는 것 같아요. 정말 끝없는 공포가 느껴집니다."

마이크는 여성을 요괴화할 정도로 혐오했다. 물론 그 혐오는 어머니에게서 비롯되었다. 그는 모든 여성을 매춘부로 여겼고 여성에겐 강간과 죽음만이 어울린다고 생각했다. 모든 여성을 사악한 존재로 생각했으며, 무고한 여성들을 살해하며 '어머니에 대한 연쇄 살인'을 이어갔다. 그는 자신의 어머니를 한 명 한 명 죽여나갔던 것이다.

"어머니를 죽이지 못하니 그녀의 대체품을 죽이겠어!"

악은 어떻게 탄생하는가

18년간 이어진 그의 연쇄살인 생애에서, 증오의 블랙홀은 다가오는 모든 여성을 삼키고 멸망시켰다. 마이크는 자신의 모든 행동에 '이론'까지 세웠다.

"학대 충동은 다른 사람에 대한 완전한 통제를 실현하기 위한 발판이다. 그녀들이 나의 의지에서 비롯된 순수한 놀잇감이 되고 나는 그녀들의 절대적인 통치자이자 신이 된다! 가장 근본적인 목표는 바로 그녀들을 고통에 빠트리는 것이다. 그녀들에게 고통을 주는 것보다 더 위대한 권력은 없다!"

부모의 무관심이 몰고 온 결과

영국의 심리학자 해리 할로Harry F. Harlow는 '원숭이 애착 실험'으로 유명하다. 이 실험은 인류를 바꿨다는 평가를 받는다.

실험 내용은 이렇다. 아기 원숭이를 어미로부터 떼어 내 대리 엄마가 있는 철망으로 만든 우리에 넣었다. 거기엔 철사로 만들어진 철사 엄마와 부드러운 면으로 만들어진 헝겊 엄마가 있었다. 대리 엄마가 먹이고 키우는 방식은 완전히 같았다. 다음은 놀라운 실험 결과다.

1. 원숭이에게 같은 음식을 먹인다. 원숭이들이 먹는 음식은 같지만 철사

엄마가 키우는 원숭이는 잘 소화하지 못했다.

2. 어린 원숭이는 놀라면 누가 먹이를 주었든 모두 헝겊 엄마에게 달려갔다.

3. 어린 원숭이는 포옹하는 법을 알았고 헝겊 엄마와 친밀하게 지냈다. 헝겊 엄마가 없으면 어린 원숭이는 놀라서 바닥에 엎드렸고 잔뜩 웅크려서 손가락을 빨거나 덜덜 떨었다.

4. 어린 원숭이가 대리 엄마와 30일간 격리되어 있다가 다시 만났더니 바로 헝겊 엄마에게 달려가 안는 등 친근한 행동을 보이며 흥분했다. 철사 엄마가 키운 원숭이는 구석에 꿇어 앉아 냉담한 모습을 보였다.

대리 엄마가 키운 어린 원숭이가 자란 후의 모습도 흥미롭다.

'철사 엄마'가 키운 아기 원숭이는 냉담하고, 무기력하며, 자폐 아동과 유사한 행동을 보였다. 수컷 원숭이는 배우자를 찾고 교배하는 능력을 잃어 다음 세대를 번식할 수 없었다. 18마리의 암컷 원숭이가 '결혼'을 원했고, 18마리의 암컷 원숭이는 '강제 결혼'했다. 36마리의 '결혼'한 원숭이 중 20마리만 새끼를 낳았다. 새끼를 낳은 20마리의 암컷 원숭이 중 한 마리만 아주 서툴게 새끼에게 먹이를 주었고, 7마리는 관심을 주지 않았다. 8마리는 새끼를 구타하고 학대했다. 4마리는 새끼를 죽였다.

한편 '헝겊 엄마'가 키운 원숭이는 기본적으로 정상적인 생활을 했다. 이 실험을 통해 어머니의 사랑은 부드러운 어루만짐, 흔들어 주기, 놀아 주기와 연관이 있다는 결론을 얻었다. 이 세 가지 변수를 제공할 수 있다면 영장류 동물의 모든 욕구를 충족할 수 있다.

　세상에 태어나서 엄마의 관심과 사랑은 생명과 직결될 정도로 중요하다. 태어난 후 몇 년 동안 어머니의 무관심과 무시는 아버지보다 더 큰 악영향을 미친다. 반면 남자아이는 청소년 시절 아버지와 대화가 부족하면 심각한 결과를 초래할 수 있다.

　또한 성장기에 어머니의 사랑이 결핍되고 어머니의 사랑을 대체할 대상이 없다면, 성숙한 인격을 기대하기 어렵다. 이런 환경에서 자란 아이는 철사 엄마에게서 자라난 원숭이가 될 확률이 높다. 철사 엄마 밑에서 자란 아이는 사회생활과 성욕에 중대한 결함이 생기고, 어머니의 사랑을 박탈당한 아이는 성장한 후에 똑같은 결함을 가진다. 그들은 타인의 따뜻한 조언도 단호히 거절하고 사람과 일을 대할 때도 자주 분노하며 적의와 시기심으로 가득하다.

　연쇄살인범의 3분의 1은 부모의 무관심 속에서 성장했다. 레너드 레이크가 여기에 해당한다.

　레이크의 부모는 그가 어렸을 때 헤어졌다. 그래서 어머니와 생활할 수 없었고 대신에 할아버지, 할머니와 살았다. 어머니와 몇 번 만나긴 했지만 감정이 좋지 않았고 심지어 괴이하기까지 했다.

어머니가 레이크에게 여동생과 사촌 동생을 포함한 여자아이들의 나체 사진을 찍도록 유도했기 때문이다. 아들이 신체를 감상할 줄 알도록 하기 위해서였지만 레이크는 그 일을 계기로 잊을 수 없는 욕정을 품게 되었고 나중에는 여동생과 근친상간까지 맺었다.

레이크는 연쇄살인범 레이처럼 공범과 함께 인적이 드문 곳에 형벌 장소를 만들었다. 그들에게 묶여 고문당하다가 죽은 사람은 스무 명이 넘었고 대부분 여성이었다. 레이크와 공범은 피해자의 시신을 근처 소각장에서 태워 재로 만들었다. 여기에 그치지 않고 일부 피해자의 '임종 기록'을 촬영하며 피해자가 살해당하는 과정을 기록했다. 또 레이크는 필기하는 습관이 있었다. 그는 자신의 기록에서 '그 사람들은 항상 아름다운 생활을 만끽하지'라며 아름다운 여성과 돈이 많은 남성에 대한 시기심을 드러냈다. 레이크는 말했다.

"나는 그들의 잘못된 것들을 고치기 위해 사는 거야!"

레이크는 여성 피해자를 묶어 노예로 삼았다. 그것은 어머니의 무관심과 포기에 대한 저항이었다. 그의 머릿속에서 여성은 움직이거나 도망갈 수 없었다. 그가 여성을 괴롭히는 이유는 여성에 대한 신과 같은 살생권이 자신에게 있다는 것을 보여 주고 싶었기 때문이었다. 그는 여성이 어머니처럼 자신에게 명령하는 존재가 아니라 자신의 손바닥 안에 있는 놀잇감이길 원했다.

부모가 자녀에게 주는 모욕감의 위험

영화 〈캐리〉를 본 사람이라면 치욕이 초래하는 결과가 얼마나 무서운지 느꼈을 것이다. 현실도 마찬가지다. 연쇄살인범의 약 3분의 2는 부모의 모욕을 견디며 성장했다. 유년 시절 또는 사춘기 소년에게 선을 넘는 '강압'적인 방식은 견디기 어려울 정도로 괴롭다. 특히 성적 능력이나 남자의 기질과 관련해 조롱할 경우 그 살상력은 엄청나다. 심각한 모욕감을 주거나 오랜 시간 치욕을 느끼게 하는 것은 자존감을 무너뜨리고 상처를 주거나 부모에 대한 분노와 반항을 불러일으킨다. 그리고 반항은 새롭고 더 심각한 '진압'을 불러와 악순환을 만든다.

연쇄살인범 E는 어머니와 계부 밑에서 자랐으며 친아버지가 누구인지 몰랐다. 많은 연쇄살인범처럼 그 역시 야뇨증을 늦게까지 고치지 못해 계부에게 조롱을 당했다. 성인이 된 그는 여러 여성을 죽이고 시신을 길가에 널어놨다. 그리고 재판 과정에서 그의 친아버지가 경찰 두 명을 죽이고 시신을 길가에 던져 놓은 사실이 발견됐다. 물론 '시신을 길가에 버리는' 유전자가 있다는 것을 말하려는 것이 아니다. E는 아마도 어떠한 유전자(흉악함과 관련 있는 유전자)를 계승했을 것이다. 그런 유전자는 일단 모욕을 당하면 엄청나게 폭발한다.

또 십여 명의 여성을 살해한 연쇄살인범 F도 있다. 그는 다섯 살 때 어머니의 신발을 즐겨 신었지만 어머니는 수녀처럼 엄격한 여성이었다. F의 어머니는 신발을 낚아챈 후 그에게 귀신이 들렸다며 호되게 혼냈다. 십 대에 들어선 F는 여성의 신발과 속옷을 수집하기 시작했고 그 물건들을 만지기만 해도 성적 만족감을 느꼈다. 열일곱 살이 되던 해 그는 결국 선을 넘고 말았다. 그는 동갑내기 여자아이를 칼로 위협해 옷을 벗겼다. 서른 살이 된 그는 연쇄살인마가 되었다. 그는 피해자의 시신과 성교를 하고 유방을 잘라내어 문진으로 만들었다.

F는 어머니를 증오했고 모든 여성에게 보복 심리가 있었다. 그는 변태였고 냉혹하고 비정했으며 회개할 마음이 전혀 없었다. 하지만 이 모든 것을 어머니 탓으로 돌릴 수는 없다. 아마도 F는 불리한 유전자를 가지고 이 세상에 태어났고 어머니의 모욕에 그것이 '활성화'되었던 것 같다.

부모의 비정상적 유혹

모든 연쇄살인범이 어머니나 아버지에게 성폭행을 당하는 것은 아니지만 극소수의 사람은 불행을 피하지 못한다. 어린 시절 부모에게 성폭행을 당한 아이들은 너무 이른 성생활의 시작으로 과도한 자극과 여색을 즐기고 성욕이 왕성해지기도 한다. 타고난 유전적 위험이 있던 남자아이는 '정욕이 고조'하는 환경에 노출되면 성범죄라는 돌아올 수 없는 길을 건넌다.

연쇄살인범 G는 마흔이 넘은 나이에 2년 동안 남성 네 명을 목졸라 죽였다. 그는 결혼과 이혼 경력이 있지만 동성애자였다. 그의 살인 방식은 이렇다. 먼저 동성애 바에 가서 파트너를 유인해 집으로 데려온다. 파트너가 술에 취하면 은밀한 곳에서 성관계를 갖다가 목을 졸라 죽였다. 이때 그는 자신의 어머니를 상상했다.

G는 다섯 형제가 있었지만 불행히도 어머니가 '가장 사랑하는' 존재였다. 경호원이었던 그의 어머니는 몸집이 커서 두려움의 대상이었다. 또 그녀는 자녀들에게 경찰봉을 사용할 정도로 매우 엄했다. G는 어렸을 때 어머니에게 머리에서 피가 흐를 정도로 맞는 날이 부지기수였다. 그런 체벌은 다른 형제도 받았지만 어머니는 G를 특히 '좋아'해서 다른 형제에게는 하지 않는 '유혹'을 G에게 했다. 결국 G는 열네 살 때 어머니와 성관계를 맺어야 했다. 그때부터 극단적인 일이 번갈아 가며 일어났다. 첫째 날은 매를 맞고 둘째 날은 성관계를 맺고, 셋째 날은 매를 맞고 넷째 날은 또 성관계를 맺었다. G는 열아홉 살이 되어서야 집을 떠날 수 있었다. 그는 어머니를 증오했다. 그 이유는 어머니가 자신을 때려서이고, 더

큰 이유는 자신을 유혹했기 때문이었다. 그는 매일같이 술에 흠뻑 취해서는 어머니를 죽이는 상상을 했다. 하지만 정신이 맑으면 차마 행동으로 옮기지 못했고 다른 사람을 죽이는 방법으로 마음속 분노를 해소할 수밖에 없었다.

"당신은 왜 범죄를 저지르지 않았는가?"
"부모가 정상적이었기 때문이다."

범죄의 원인에 대한 탐구가 모두 끝났다. 정리해 보자. 당신은 왜 범죄를 저지르지 않았는가?

-범죄자의 외모를 가지고 있지 않기 때문이다.

-감각이 둔하지 않기 때문이다.

-원시 상태로 되돌아가지 않았기 때문이다.

-뇌의 '브레이크' 역량이 '가속 페달'보다 크고 '각성 수준'도 정상이다.

-범죄를 일으키는 '강화물'이 진압됐다.

-'몰개성화'되지 않았다.

-단계별로 무난하게 심리적 성장을 했다.

-미치지 않았다.

-부모가 정상이다.

당신은 최소한 위의 조건들을 동시에 갖췄기에 범죄를 저지르지 않았다. 그런데 누군가 몰래 속삭인다.

'사실, 이 중 몇 가지 문제는 나에게도 있어…'

그래도 당신은 범죄를 저지르지 않았다. 왜일까? 영화 〈백일염화〉에 이런 말이 있다.

"사람은 어느 정도 비밀을 숨겨야 교묘하게 일생을 보낼 수 있다."

무엇을 겪는지, 마음에 무엇을 숨기는지는 자신만이 안다. 우리의 인생은 완벽하지 않다. 최소한 다른 사람에게 보이는 것처럼 완벽하지 않다. 하지만 대부분 사람은 암울하고 고통스럽고 다른 사람에게 말할 수 없는 일을 겪어도 법률에 저촉되는 일을 하지 않는다.

이제 범죄 원인이 얼마나 복잡한지 이해했을 것이다. '육체'적 요인을 고려해야 할 뿐만 아니라 심리적 요인, 가정 요인, 환경 요인도 고려해야 한다. 하지만 모든 요인을 다 갖췄다고 해서 반드시 범죄가 일어나는 것은 아니다. 그 요인들도 완벽하지 않은 부분이 있기 때문이다. 모든 요인을 다 피했다고 해서 범죄를 막을 수 있는 것도 아니다.

우리가 알 수 없는 신기하고 비밀스러운 조합이 있는 것 같다.

어떤 요인이 상호 작용을 해서 어느 수준까지 이르고 또 범죄가 발생하는지도 알 수 없다. 이는 또 누구에게나 다르게 작용한다. 운명의 포물선처럼 길을 따라가면 무엇을 만날지 모르고 그것 때문에 궤적이 어떻게 바뀔지 모르는 것처럼.

악마의 작품을
프로파일링하다

HOW IS EVIL BORN

제4장

정신분석학에 '투사'라는 개념이 나온다. 투사란 무엇인가? 사람들은 정상적이고 정신이 맑은 상태에서는 속마음을 쉽게 드러내지 않는다. 잠재의식에 감춰진 진짜 생각을 토로하지 않는다는 말이다. 사람들이 속내를 잘 숨긴다는 것이 아니라 숨기고 싶지 않아도 그러지 못한다. 잠재의식에 뿌리박힌 생각이 의식의 영역으로 '탈옥'하는 것을 허락하지 않기 때문이다. 나조차도 깨닫지 못한 것이라면 타인에게 말하는 일은 더 어렵지 않겠는가. 그렇다면 잠재의식의 생각을 표출하는 방법이 매우 중요해졌다. 모든 심리 문제는 의식과 관계없고 잠재의식에 문제가 나타나기 때문이다. 병인도 모르면서 치료를 할 수는 없다.

'투사'는 특수한 수단을 이용해 잠재의식에 있는 것을 수면에 떠오르게 하여 모두에게 알린다. 정신이 맑지 않은 상태에서 이 수단은 꿈과 최면이다. 정신이 맑은 상태에서는 장난감을 가지고 놀거나 나무를 그려 보는 방법 등을 특별 수단으로 활용할 수 있다.
사람들이 장난감을 가지고 놀거나 그림을 그리는 과정에서 잠재의식은 방어막을 내려놓고 마음속 깊이 감춰진 생각을 저도 모르게 작품에 드러낸다. 작품이 구현하는 내용이 바로 잠재의식에 담긴 내용이다. 사람들이 '기술 수단'을 이용해 작품을 '번역'하면 모든 진상이 드러난다. 이 투사 원리를 범죄 영역에 활용하면 심리 분석 기술인 범죄 프로파일링이 된다.

세계적으로 인정하는 범죄 현장 조사 원칙은 '모든 접촉은 흔적을 남긴다'이다. '로카르드의 교환 법칙Locard exchange principle'에 따르면 모든 범인은 언제나 무언가를 범죄 현장으로 가져오고, 무언가를 남기며 범죄 현장을 떠난다. 세상에는 완전히 똑같은 범죄 현장은 없으며, 모든 현장은 범인이 독창적으로 창조한 한 폭의 '그림'이다. 그중 남긴 단서, 범행 수법은 범인의 마음속 세상이 현실로 드러난 것이다. 현장의

'그림'을 명확하게 분석하면 범인의 내면세계를 이해해서 혐의 범위를 한정하고 진범을 확정할 수 있다.

영화 <양들의 침묵>의 한니발은 범죄 프로파일링을 가장 성공적으로 활용한 사례다. 여주인공인 수습 요원 클라리스는 '버팔로 빌'이라고 불리는 사이코패스 살인마를 잡아야 하는 어려운 임무를 맡았다. 그런데 그의 범행 수법이 너무나 독특해서 경찰은 전혀 단서를 찾지 못했고 어떻게 손을 써야 할지 몰랐다. 살인범의 특수한 심리를 이해하기 위해 그들은 사이코패스 살인마를 가장 잘 이해하는 또 다른 살인마이자 정신병 전문의 한니발 박사를 찾아간다. 그 후 한니발은 여주인공에게 계속 단서를 제공하며 사건 해결을 돕는다.

'그것은 영화일 뿐인데, 현실의 범죄 프로파일링도 이렇다고?'라고 생각할 수도 있다. 그러면 진짜 범죄 프로파일링은 어떠한지 알아보자. 하지만 이번에도 영화부터 시작해야 한다.

함께 영화 <본 콜렉터>의 세상으로 들어가 보자. 남자 주인공 링컨 라임은 경찰 학교의 교재도 집필할 정도로 최고 수준의 범죄 심리학자다. 한번은 기이한 살인 사건이 일어나자 링컨의 동료가 그에게 사건 해결을 도와 달라고 한다. 하지만 링컨은 그런 작은 사건에 자신의 시간을 낭비하고 싶지 않았다.

"내 몸값으로 이런 별 볼 일 없는 사건의 범인을 잡으라고?"

하지만 그는 범죄 현장의 사진과 시신을 살펴본 후 사건에 흥미를 느낀다. 현장 자료를 탐독한 결과 사건은 겉으로 보이는 것처럼 단순하지 않고 많은 비밀과 미묘한 단서가 숨겨져 있었기 때문이다.

이것이 핵심이다. 링컨은 왜 그 사건에 흥미를 느꼈는가? 자갈이 깔린 땅에 사람의 손이 펼쳐져 있고, 검지 중간에 여자 반지가 끼워져 있다. 반지를 낀 부위에서 손가락 끝까지 근육은 온데간데없이 사라졌고 뼈만 남았다. 멀지 않은 곳에 철도가 있고 침목에는 나사 한 개, 흰색 가루 한 무더기 그리고 작은 종잇조각이 놓여 있다.

현실도 이러한 영화 속 범죄 현장과 유사하다. 만약 범죄 프로파일링을 하고 싶다면 사전에 범죄 현장과 관련된 모든 정보를 알아야 한다. 첫째, 하나의 전공 분야로 해결할 수 있는 사건은 거의 없고 심리학, 법의학, 형사학, 사법학 지리학을 섭렵해야 한다. 둘째, 한 사람이 혼자 임무를 완수할 수도 있고 여러 전문가로 구성된 팀이 필요할 수도 있다. 미국 드라마 <CSI>를 생각하면 된다.

그렇다고 해서 지금 우리의 범죄 프로파일링에 대한 탐구를 막을 수는 없다. 지금부터 가상의 세계로 안내할 테니 '만능 명탐정'이 되어 함께 범죄 프로파일링 여행을 시작해 보자!

사건에 대한 프로파일링을 하기 전에 사건 현장을 여러 부분으로 나눠서 개별적으로 분석한 후 조각들을 한데 모아서 온전한 범죄 프로파일링을 해야 한다.

이제, '그림'에서 가장 눈에 띄는 부분인 시신부터 시작해 보자.

범죄는 쉽지만,
사건 은폐는 어렵다

살인 현장에서 가장 중요한 것은 바로 시신이다. 살인 사건에서 가장 핵심적인 구성 요소 역시 시신이다. 온전한 한 구의 시신이든 조각난 시신이든, 심지어 형체를 알아볼 수 없는 형태가 되었든 사건 해결의 키포인트가 된다. 게다가 시신이 없으면 어떻게 살인 사건이라고 부르겠는가? 그러므로 '명탐정'인 우리는 살인 사건을 해결하려면 우선 피해자의 시신이 어떤 모습인지 면밀히 봐야 한다.

When – 언제 죽었는가?

피해자의 사망 시간을 확인하는 것은 심리학의 범주에 속하지 않지만 범죄 프로파일링에 있어서 매우 중요하다. 중요한 단서를 제공해 용의자의 범위를 좁히고 용의자의 특징을 확인할 수 있기 때문이다. 그렇다면 어떻게 사망 시간을 판단할까? 한방에서 환자를 진찰하는 방법인 '망문문절望聞問切' 기법을 빌려 보자. 망문문절은 동양의학에서 네 단계 문진법을 일컫는데, 환자의 안색을 살피고, 병세를 들은 후, 다시 상세히 병증을 질문하고 맥을 보는 일을 말한다.

• 눈으로 관찰하기

시신을 보면 어느 정도로 부패했는지부터 살핀다. 시신은 날씨나 묻혀 있던 장소 등 환경과 기타 요인에 따라 부패 정도가 달라진다. 이런 가변 요소가 시신의 부패 시간에 미치는 영향을 파악하려면 기본적이고 순수한 인체의 부패에 대해 잘 알아야 한다. 즉, 이상적인 상태에서 어떠한 요인의 방해도 받지 않았을 때의 부패다. 육체가 대지로 돌아가려면 몇 단계가 필요할까? 정답은 네 단계다.

① 시반: 이때는 사람이 숨을 막 거둔 상황이다. 심장이 뛰지 않으면 혈액 순환이 멈추고 중력의 작용으로 혈액이 혈관을 통과해 신체의 각각 가장 낮은 부위로 침전되어 시반이 나타난다. 시신이 반듯하게 누워 있는 상황에서 시반은 시신의 후경부, 등허리와 대퇴부 아래쪽에 나타난다. 목매어 사망한 시신은 시반이 사지의 말

악은 어떻게 탄생하는가

단에 나타난다. 혈액에 있던 적혈구가 가장 먼저 가라앉고 사망한 후 1~3시간 후에 검붉은 반점으로 변한다. 6~8시간 후에는 반점들이 합쳐져 보라색으로 변한다. 따라서 시반의 변화를 통해 피해자가 사망한 지 몇 시간이 되었는지 판단할 수 있다. 하지만 조금 더 지나면 판단이 어렵다.

② 자가 융해: 이때의 시신은 상대적으로 아직 '신선'하다. 최소한 의과 대학의 해부학 수업을 듣는 학생들에게는 그렇다. '신선'한 단계에서 '자가 융해', 즉 자신이 자신을 '소화'하는 과정이 일어난다. 인체는 효소를 이용해 음식물을 소화하고, 효소가 음식물의 화합물을 세포가 흡수할 수 있는 작은 분자물로 분해한다. 사람이 살아 있을 때는 효소가 세포벽까지 분해하는 것을 억제한다. 하지만 사망한 후에는 효소라는 이 악동은 누구의 간섭도 받지 않고 마음대로 휘젓고 다니면서 세포의 겉면까지 다 먹어 세포액이 흘러나오게 된다. 흘러나온 세포액은 각 피부층 사이에 쌓이면서 피부층을 벗겨 낸다. 시간이 지나면 피부가 탈락되는데 손 전체의 피부가 그대로 탈락되기도 한다. 큰 면적의 피부가 시신에서 박리되면 인간 가죽으로 만들어진 외투 형태가 만들어지기도 한다.

자가 융해는 사망 후 24시간 안에 일어나지만 자가 융해로 손의 피부가 탈락하여 장갑 형태가 되기까지 여름에는 7일 정도, 봄가을에는 14일 정도, 겨울에는 30일 정도 걸린다.

③ 팽창: 효소에 의해 파괴된 세포 안에서 흘러나온 세포액은 곧 전신으로 퍼지고 몸 안의 균군과 하나가 된다. 사람이 살아 있을 때 장, 폐, 피부 등 신체의 각 기관에는 균군이 존재한다. 사람이 사망한 후에는 세균과 세포액이 서로 만난다. 또 맛있는 음식이 한 가득 있으니 세균들은 신이 나서 먹고 그 수가 폭증한다. 살아 있을 때는 위의 효소가 고기를 단백질로 분해하고 내장의 세균이 단백질을 아미노산으로 분해한다. 하지만 사망하면 그들은 우리가 섭취하는 음식이 아니라 우리의 몸을 먹기 시작한다.

세균은 인체가 살아 있을 때와 마찬가지로 섭취 과정에서 기체를 발생시킨다. 방귀는 사실 세균이 신진대사 과정 중 발생시키는 기체다. 사망한 후에는 위 근육과 괄약근을 움직일 수 없어 기체를 배출할 수 없다. 따라서 기체가 체내에 쌓이기 시작하면서 몸이 부풀어 오른다. 이것이 바로 시신 부패의 세 번째 단계인 팽창이다.

팽창은 배 안에서 가장 활발하게 일어난다. 뱃속에 세균이 가장 많아서 배출하는 가스도 더 많기 때문이다. 두 번째는 생식기, 특히 남성의 음낭으로 마치 풍선을 분 것처럼 작은 수박만 해진다. 그다음은 입이다. 세균이 발생하는 기체로 인해 입술과 혀가 부풀어 오른다. 혀는 입 밖으로 나올 정도로 부풀어서 조롱하는 귀신 얼굴처럼 보이기도 한다. 피하 조직과 근육에 가스가 축적되어 팽창하는 현상을 '거인양 외관^{巨人樣外觀}'이라 한다.

거인양 외관은 여름에는 4~5일, 봄가을에는 7~10일, 겨울에는 45~60일이면 나타난다.

④ 부패: 시신이 계속 팽창하다가 더 이상 견딜 수 없는 수준에 이른다. 보통 장, 가끔은 몸통이 극한의 수준으로 커지다가 '펑' 소리와 함께 폭발한다. 물론 폭발음이 들릴 정도는 아니지만 들어본 사람은 무언가가 끊어지고 찢어지는 소리를 들었다고 한다. 이런 소리가 나타났다는 것은 이제 마지막 단계인 부패가 시작했다는 뜻이다.

이 단계는 '흙으로 돌아가는' 시기다. 세균은 조직을 분해하고 점차 액체화한다. 소화기관과 폐가 가장 먼저 분해되는데 이 부위가 많은 세균의 고향과 다름없기 때문이다. 뇌 역시 빨리 부패하는 기관이다. 입 안의 세균이 구강 부위를 다 먹어 치우고 난 뒤 머리 쪽으로 이동해서 부드러운 뇌를 먹는다. 뇌가 액화되면 뇌척수액이 귀에서 흘러나오고 이때 입에서 기포가 솟구친다. 육신 전체가 이 정도로 부패하면 마치 바닥에 쏟은 백숙 같아 보인다.

연조직이 완전히 액화되고 소실되어 뼈만 남는 과정까지 한여름에는 30일이면 충분하다.

• 귀로 듣기

 시신으로부터 무엇을 듣는다는 말일까? 시신이 낼 수 있는 소리는 제한적이다. 게다가 순간 소리를 내었다고 해도 바로 사라져서 증거로 채집하기 어렵다. 여기에서 듣는다는 것은 '맡아본다'는 뜻이다.

 경험이 많은 법의학자는 시신이 발산하는 냄새를 근거로 피해자의 사망 시간을 추정한다. 시신이 각 부패 단계에서 내는 냄새가 다르기 때문이다. 부패한 시신은 말로 표현하기 어려울 정도로 강렬한 냄새가 나는데 다신 맡아보고 싶지 않다. 썩은 과일과 고기가 발효된 냄새와 비슷하다. 썩은 생선이나 썩은 달걀 냄새와 비슷하다는 사람도 있는데 그것은 복잡하고 미묘한 시신 냄새 중의 한 성분일 뿐이다.

 오늘날 시신 냄새를 맡아보고 사망 시간을 판단하는 임무는 전자코 또는 경찰견이 담당해서 인간은 그로부터 해방되었다. 시신 냄새를 많이 맡으면 순간 정신이 혼미해지고 이성을 잃을 정도다. 게다가 시신이 남긴 냄새는 매우 완고하여 사라지지 않는다. 한 법의학자는 인터뷰에서 이렇게 말했다.

 "매번 검시를 마치고 나면 온몸에 악취가 그득합니다. 그 냄새는 아무리 씻어도 사라지지 않죠. 그러면 어떻게 하는지 아십니까? 탈취 비누로 전신을 한 번 닦은 후에 검시관들이 옷을 홀딱 벗고 한데 모여서 차를 마시고 수다를 떱니다. 3시간 동안 30분마다 씻으면 냄새가 꽤 사라집니다."

· 물어보기

시신은 말을 할 수 없는데 누구에게 물어본다는 걸까? 하지만 시신의 '작은 친구들'은 많은 것을 알려 준다. 이 '작은 친구들'이란 바로 시신을 먹는 벌레다!

야외에 누워 있는 시신은 각종 벌레들을 맞이한다. 가장 적극적인 친구는 바로 붉은뺨검정파리다. 사람이 사망하고 나서 몇 시간 안에 그들은 선발대 '손님'으로 찾아온다.

"여기 잔치가 열렸다. 모두 모여!"

그러고는 눈, 입, 상처, 생식기 등 구멍이 있는 곳에 산란한다. 8~14시간 후 기온의 높낮이에 따라 알이 부화하고 첫 번째 구더기가 나타난다. 또 8~14시간이 지나면 구더기가 탈피하기 시작한다. 그 후 2~3일이 지나면 구더기는 유백색으로 변한다. 유백색의 구더기는 이가 좋지 않아서 사람의 피부를 물어뜯을 수 없다. 하지만 말랑말랑한 피하지방은 그들이 가장 좋아하는 음식이다. 이때 시신과 가까이 있다면 그들이 시신 피부 아래에서 꿈틀거리는 것을 볼 수 있다. 심지어 그들이 저작하는 소리까지 들을 수 있다.

"어서 먹자, 어서 먹어!"

6일간 신나게 먹고 배를 채운 구더기는 시신에서 바닥으로 기어 내려와 그곳에서 번데기가 된다. 그 후로 12일이 지나면 파리로 변신한다. 따라서 유백색의 구더기가 시신에서 존재하는 시간은 기껏해야 11일(14시간+14시간+3일+6일)을 넘기지 않는다. 이는 피해자의 사망 시간을 판단하는 데 단서를 제공한다. 다음의 이야기를 읽어 보자.

1964년 6월 28일, 두 남자아이가 숲에서 동물 시신을 찾았다. 그들은 미끼로 쓸 수 있는 구더기를 찾고 싶었다. 그러던 중 어느 풀밭에서 통통한 구더기를 발견했다. 풀밭을 헤쳐 가다가 썩어 가는 사람의 팔을 발견했다. 경찰은 부패 정도로 보아 시신이 이미 그곳에서 한 달에서 두 달은 있었던 것으로 판단했다.

하지만 법의학자는 그 판단에 동의하지 않았다. 그는 구더기의 성장 단계를 보고 다른 판단을 내렸다.

"이 사람은 죽은 지 9일이나 10일 정도 됐습니다. 12일은 넘지 않았어요. 그래서 6월 16일이나 17일에 사망했을 겁니다."

경찰은 실종자 명단에서 6월 16일에 실종된 사람을 찾았다. 그리고 지문과 문신 등을 대조하여 사망자를 확인했고 이어서 살인범을 잡았다.

붉은뺨검정파리 외에 딱정벌레, 나방, 나나니벌 등의 방문객도 있다.

어느 집의 굴뚝에서 영아의 시신이 발견됐다. 시신은 이미 미라 상태가 되었고 나방의 번식장으로 변해 있었다. 유충과 성충 나방을 검사한 결과 시신은 이미 그곳에서 2년은 족히 있었던 것으로 밝혀졌다. 덕분에 당시 그 집에서 살던 거주자는 혐의를 벗었고 그전에 살던 여성이 용의자가 되었다. 결국 그녀는 영아 살인죄로 기소되었다.

· 만져 보기

사람이 사망하면 체내의 열량이 발산되기 시작한다. 온도가 적절한 곳에서 체격이 적당하고 옷을 입은 시신은 6~8시간 안에 시간당 1.8℃의 속도로 체온이 내려간다. 나체인 시신은 더 빨리 냉각되는데 살집이 있는 시신은 냉각 속도가 느리다. 체온의 하강 속도는 주변 온도와 관련 있다. 더운 날씨에는 시신의 온도가 내려가지 않고 더 뜨거워질 수 있다. 동사한 경우 시신의 체온은 더 떨어진다.

근육의 강직도를 확인해도 사망 시간을 판단할 수 있다. 보통 사람이 사망하면 얼굴 근육은 1~4시간 안에 경직되기 시작하고 사

243

지는 4~6시간 안에 경직된다. 12시간이 지나면 시신은 완전히 경직된 후 조직이 부패하면서 조금씩 늘어진다.

강직도 역시 다양한 조건에 의해 결정된다. 극도로 흥분하거나 폭행을 당한 경우에는 시신이 사망 직후 강직될 수 있다. 예를 들어 전쟁에서 폭탄을 맞아 사망한 전사는 말 등에 앉아 있는 그대로 강직되기도 한다. 또 머리가 잘린 사병 역시 앉아 있는 자세를 유지한다.

Why - 심리적 부검

법의학은 보통 사망의 원인(사망을 초래한 병리적 과정)을 명확히 알 수 있지만 사망 방식은 잘 알지 못한다. 사망 방식은 보통 자연사, 우발사고, 자살 그리고 타살이다. 그 외 다섯 번째 사망 방식으로 '알 수 없음'도 있다.

스카이다이빙을 하다가 사망한 경우를 살펴보자. 우선 사망 원인은 매우 명확하다. 충격으로 인해 부상을 입었고 사망에 이르렀다. 그런데 사망 방식이 명확하지 않다. 사망자가 실수로 비행기에서 추락했는지(우발사고), 낙하산을 이용하지 않고 뛰어내렸는지(자살), 누군가 비행기에서 그를 밀었는지(타살), 낙하 과정에서 심장병이 발작해(자연사) 끈을 잡아당길 수 없었는지 알 수 없다. 그래서 사망자가 어떤 사망 방식에 속하는지 판정하는 것이 바로 범죄 심리학자가 해야 하는 '심리적 부검'이다.

　만약 우발사고, 자연사 또는 자살이라면 절차대로 처리하면 된다. 하지만 타살이라면 전혀 다른 문제가 된다. 그래서 자살인지 타살인지 밝히는 일은 사망 사건에서 매우 중요하다. 실제로 자살과 타살은 구분하기가 쉽지 않다. 살인범이 살인 현장을 최대한 자살 또는 우발사고로 위장하기 때문이다. 예를 들어 다음과 같은 사례다.

　　000년, 미국 서부에서 4세 여아 사망 사건이 발생했다. 여아의 어머니는 당시 침대에 사냥총이 있었다고 말했다. 가늘고 기다린 흡입통이 있는 청소기를 가지고 놀고 있었는데 소녀가 그 흡입통을 사냥총의 방아쇠에 끼워 자신에게 발사했다는 것이다. 아주 단순한 사고 같아 보이지 않는가?

　　조사 요원은 그녀의 말을 믿고 사건을 우발사고로 분류했다. 몇 달 후, 한 형사가 현장 사진을 본 후 어머니의 주장에 의문을 품었다.

　　그는 사건 발생 현장으로 갔다. 다행히 현장을 그대로 유지하고 있어 어머니가 거짓말을 했다는 증거 두 개를 수집할 수 있었다.

　　가구를 옮길 때 그는 벽에서 전에 발견하지 못한 탄환 구멍을 발견했다. 형사는 탄환 구멍의 각도와 높이를 보고 침대에 놓여 있던 총에서 총알이 발사되지 않았다고 판단했다. 사격 지점이 너무 높았고 총알이 위에서 아래쪽으로 벽에 들어갔기 때문이다. 총알이 여아의 몸을 통과한 후 벽의 아래쪽으로 들어갔다는 뜻이었다.

총에 대해 조금이라도 아는 사람은 사냥총이 침대에서 발사되면 총구가 사출한 화약이 침대 표면에 그을음을 남기고 침대 시트가 조각날 정도로 찢어진다는 걸 안다. 또 사냥총은 반동력 때문에 뒤쪽으로 튀어서 침대 아래로 떨어진다. 하지만 현장 사진을 보면 총은 그대로 원래 있던 곳에 있었다.

형사는 어머니에게 거짓말 탐지기 테스트를 했다. 몇 시간 후 그녀는 딸을 살해했다고 시인했다. 내연남과 함께 살 계획이었지만 '의붓자식' 문제로 곤란을 겪고 싶지 않아서였다.

한편 사망자가 자살했음에도 불구하고 타살 현장으로 보이기도 한다. 사건 처리 담당자에게 '예리한 안목'이 없다면 이런 사건은 영원히 해결되지 않는 미제 사건이 될 수도 있다. 이번에 소개할 기이한 사건이 바로 그중 하나다.

한 남성이 아파트 욕실에서 사망한 채 발견됐다. 아파트 문은 집

악은 어떻게 탄생하는가

안에서 잠기는 형태였다. 남성은 욕실 타일 위로 피가 가득한 곳에 누워 있었는데 목에는 칼로 베인 상처가 있었고 피 발자국이 욕실에서 아파트 입구까지 연결되어 있었다.

경찰은 현장을 더 관찰한 후 새로운 정황을 발견했다. 현장에 혈흔이 많았고, 남자의 목에도 상처가 많았으며 주방용 칼 하나가 목에 꽂혀 있었다. 집 안의 카펫은 매우 두터워서 그 위를 밟으면 발자국이 뚜렷하지 않고 발의 대략적인 윤곽만 남았다. 발자국은 시신의 몸 주변에서 아파트 입구까지 이어져 있었다.

여기까지 보면 어떤 판단을 내리겠는가?

현장에서 의문점이 발견됐다. 문이 안에서 잠긴다는 것은 아무도 안에서 나오지 않았다는 뜻이다. 그런데 바닥에는 피로 물든 발자국이 가득했다. 이는 누군가 욕실에서 문까지 걸어갔다는 뜻이다. 그러면 이 사람이 문으로 갔다가 또 어디로 갔다는 뜻일까?

카펫의 발자국을 주시해 보자.

사람은 걸을 때 보통 발뒤꿈치가 먼저 바닥에 닿는다. 정상적인 상황이라면 카펫의 발자국은 발뒤꿈치 부분이 발가락 부분보다 더 깊어야 한다. 평소에는 눈에 띄기 어렵겠지만 피가 고인 곳이라면 눈에 선명하게 들어온다.

그런데 남성의 카펫 발자국은 달랐다. 이 남성은 욕실에서 자신의 목을 여러 번 찔렀지만 성공하지 못했다. 그래도 피는 솟구쳤고, 그는 피를 밟으며 욕실에서 나와 문으로 걸어갔고 그곳에서 주저했다. 하지만 마음을 굳게 먹고 원래의 발자국을 밟아 욕실로 돌아와 자살을 마무리했을 것이다. 그러면 발가락과 발꿈치 부분에 모두 피가 쌓인다.

그 후 시행한 조사는 이 판단을 입증했다. 사망자 옷장의 셔츠는 모두 가지런하게 걸려 있었고, 모든 물건이 제자리에 잘 정돈되어 있었다. 사망자는 집 안의 모든 물건을 깔끔하게 정리 정돈하는 습관이 있었다. 그는 원래의 발자국을 밟으며 욕실로 돌아왔다. 이는 수사에 혼돈을 주기 위해서가 아니라 카펫에 더 많은 혈흔이 생기는 것이 싫어서였다. 더러워진 카펫은 그에게 끝없는 스트레스를 주기 때문이다.

'남자가 욕실에서 자신의 목을 여러 번 찔렀다'고 했는데 이것역시 자살과 타살을 구분하는 데 도움이 된다. 진짜 자살 사건에서 치명상을 입기 전에 사망자는 자해를 여러 번 시도한다.

그렇지만 타살은 깔끔하기 짝이 없다. 그래서 유일하고 깊은 상처는 자살로 보이지만 실은 살인 사건이라는 강력한 증거다.

피해자가 언제 죽었는지 알았다. 또 어떻게 죽었는지도 알았다. 이번엔 사망한 사람이 누구인지 알아야 하지 않을까?

악은 어떻게 탄생하는가

Who – 사망자는 누구인가?

만약 시신이 사라져서 찾을 수 없다면, 사건 해결은 요원해진다. 이는 살인범에게 얼마나 이상적인 상황인가. 그래서 살인범은 살인을 저지른 후 시간이 너무 촉박하지 않다면 최대한 시신을 없애려 한다. 그 수법은 참 다양하고 무궁무진하다. 그중 가장 무서운 방법은 시신을 녹여 없애는 방법이 아닐까.

현대 사회에서 '시신을 녹일 수 있는 비법'은 왕수를 이용하는 것이다. 왕수는 농염산, 농질산을 조합해 만든다. 누군가 실험한 바에 따르면 왕수는 닭 날개와 갈빗살을 녹였고 뼈를 연화시켰다. 하지만 전체 과정에서 많은 포말, 산 연기, 진한 연기가 발생했고 중독을 일으키고 심지어 폭발의 위험까지 있었다. 잘못하다가는 시신이 다 녹기 전에 살인범이 먼저 시신이 된다. 더 중요한 것은, 반응이 지난 후 바닥에는 산성의 녹색 점착물이 남는다. 이는 '흔적 없이 사라진 시신'을 원하는 살인범에게 이상적이지 않다.

실험자는 비용도 계산한다. 시신 한 구를 처리하는 데는 최소한 욕조를 가득 채울 수 있는 왕수, 즉 약 250리터의 왕수가 필요하다. 게다가 그렇게 많은 왕수가 있다고 해도 욕조 안의 시신을 녹일 수는 없다. 욕조의 재질 역시 산과 반응해서 미국 드라마 〈브레이킹 배드〉에 나왔던 장면처럼 욕조 밑바닥이 녹아 시신이 2층에서 1층으로 떨어지고 만다.

제대로 녹이지 못할 바에 차라리 태워 버리는 편이 낫다고 생각할지도 모르겠다. 하지만 실제로 깔끔하게 태우는 일도 쉽지 않다. 오늘날 대형 공업용 용광로에서는 프로판이나 천연가스를 연료로 이용하여 화장한다. 연소 온도는 1200~1500℃나 된다. 그렇다고 해도 60킬로그램에 해당하는 시신 한 구를 1~2시간을 계속 연소해야 시신의 조직이 모두 다 타고 뼈의 일부가 녹는다. 큰 뼈는 타지 않고 남아 있다.

이론적으로 시신이 온전히 남아 있지 않거나 토막 나 있더라도 조금의 흔적이라도 남아 있다면 사망자의 신분을 확인할 수 있다.

한 여성이 쇄목기(회전하는 숫돌에 물을 부으면서 숫돌로 제지용 목재를 납작하게 누르며 갈아 섬유를 분해하여 펄프로 만드는 기계)에 살해당했다. 범인은 사망자의 남편이었다.

시신이 잘게 조각나서 사망자의 신분을 확인할 수 없었기 때문에 수사에 진전이 없었다. 당시 사건을 맡았던 형사는 이 사건을 접수하고 나서 우선 흉기로 쓰인 쇄목기를 압수한 후 쇄목기를 상세하게 살폈다.

살인범이 진작 대비를 했기 때문에 형사는 쇄목기에서 혈흔이나 인체 조직 또는 미량의 흔적도 찾을 수 없었고 쇄목기를 사용

악은 어떻게 탄생하는가

한 강가 근처에서 모발과 조직 일부를 발견했을 뿐이었다. 그중 가장 큰 조각은 손가락의 끝부분이었다.

어떻게 해야 할까? 형사는 동료와 함께 돼지로 실험해 봤다. 그들은 도살한 돼지를 그 쇄목기에 넣고 철컹철컹 분쇄하여 샘플 조각을 구했다.

그런 후에 수집한 인체 조직 흔적과 대조한 결과 동일한 쇄목기 임을 확인했다. 그들은 이어서 피해자 집에 있던 매니큐어와 손가락의 매니큐어를 비교하여 같은 종류임을 발견했다.

피해자는 사망했지만 증거를 맞춰 보면서 사건의 진상을 밝힌 사례였다.

이상은 사망자의 '물리적 신분'을 확인하는 방법이었다. 하지만 범죄 프로파일링은 이것만으로는 부족하고 '심리적 신분'까지 확인해야 한다.

'심리적 신분'이란 뭘까? 사망자의 성명, 성별, 나이를 아는 것 외에 그(그녀)의 직업, 생활 습관, 가정 배경, 교육 배경, 취미, 일상 활동 등을 알아야 한다. 그래야 피해자와 용의자 간의 모종의 관계 사슬을 수립할 수 있다. 이러한 관계는 어쩌면 지리적 위치일 수도, 업무 관계일 수도, 학우일 수도, 같은 취미를 지녔을 수도 있다. 이 관계의 사슬을 수립해야 용의자의 범위를 좀 더 좁힐 수 있다.

하지만 '물리적 신분'의 인증과 달리 '심리적 신분'을 확인하는 데는 너무 많은 방해 요소가 섞여 있다.

첫째, 사람은 모두 복잡한 개체다. 저마다 자신만의 취미, 욕망, 환상, 욕구, 도덕관이 있으며 규범화, 프로세스화되어 객관적으로 사물을 바라보는 기계가 아니다.

둘째, 살인 사건은 조사자의 감정적 동요를 유발한다. 피해자가 잔인하게 죽은 3세 남아인데 조사자 역시 비슷한 또래의 아들이 있다면 현장을 본 후 기분이 어떨지는 불을 보듯 뻔하다. 이런 심적 충격이 그의 판단에 영향을 줄까? 아니라고 말하기 어렵다.

이런 간섭은 우리가 무의식적으로 피해자를 미화하거나 비하하고 그들에게 도덕적 심판을 할 수 있다. 다음 사례를 보자.

아홉 살 여자아이 두 명이 버스 정류장에서 유괴됐다. 다음 날, 누군가 90여 미터 떨어진 하수도에 유기된 아이들을 발견했다. 모두 두 아이의 죽음에 가슴 아파했고 각종 매체도 아이들을 '떨어진 작은 천사'라고 묘사했다. 수사 요원은 당시 여론과 분위기에 휩쓸려 피해자의 배경 조사를 소홀히 했고 연쇄살인의 가능성에 집중했다. 그들의 잠재의식은 '천사'의 가족 역시 '천사'라고 생각했던 것 같다. 하지만 사건은 전혀 진전이 없었고 그렇게 미궁에 빠졌다.

1년이 지난 후 피해자의 배경 조사를 어느 정도 완성한 후에야 사망한 아이 중 한 여자아이가 자주 불을 질렀고 다른 여자아이와 곧잘 싸웠다는 사실을 알았다. 또 다른 여자아이는 ADHD(주의력결핍 과잉행동장애) 진단을 받았었고 마약에 노출된 적도 있었다. 아이들은 왜 이런 상황에 놓였을까? 수사 요원이 아이들의 주변인을 탐문했더니 한 친척이 피해자 중 한 명을 한동안 성폭행한 사실을 알아냈다. 갑자기, 수사에 새로운 방향이 생겼다.

이것이 바로 피해자를 심리적으로 미화했을 때 나타나는 문제다. 그렇다면 피해자를 비하하는 것은 어떤 상황일까? 비하는 피해자를 비천하게 여기거나 어차피 버려진 운명이라고 생각하는 것이다. 지금 소개할 이야기가 대표적인 예다.

한 성매매 여성이 도시의 외진 곳에서 강간을 당했다. 3일 후 다른 성매매 여성이 그 지점에서 멀지 않은 곳에서 강간을 당했다. 2주 후, 같은 지역에서 또 다른 성매매 여성이 강간을 당했다. 그녀들이 모두 신고했지만 경찰은 증거를 수집하지 않았고, 확실한 연관성이 있는 사건들임에도 통합하지 않았다.

어떤 사람은 심지어 이렇게 주장한다.

"성매매 여성이 강간을 당한다는 것은 그저 상대방에게 돈을 받지 못했다는 건데 어째서 신고할 생각을 하는가?"

이것이 바로 도덕적인 판단이고 범죄 프로파일링에서 자주 하는 실수다. 한 가지 중요한 점이 있다. 피해자가 어떤 모습이든, 그(그녀)는 범인의 잔혹한 행위에 어떠한 책임도 없다. 피해자가 성매매 여성이라고 해서 당연히 강간을 받아들여야 한다고 생각해서는 안 된다.

또 이렇게 말하는 사람도 있다.

"어차피 이쪽 일을 하면서 이런 일이 얼마나 위험한지 알고 있었을 텐데 감수할 건 감수해야죠!"

성매매 여성이 착한 사람과 나쁜 사람이 섞여 있는 도시에서 살다 보면 언제든 피해를 볼 수 있는 건 사실이다. 이러한 '피해 위험'은 분명 대학생이 대학가나 안전한 환경에서 '피해 위험'을 입을 확률보다 확실히 높다. 하지만 학생 역시 학교로 돌아가는 길 또는 차에서 내려 건물로 들어가는 길에서 피해를 볼 수 있다. 확률은 낮지만 가능성은 있다. 그렇다면 성매매 여성 50%를 잃는 것과 학생 1%를 잃는 것은 결과적으로 차이가 있을까? 모두 100% 나쁜 결과다. 한 사람의 '피해 위험'이 아무리 커도 피해를 볼 이유가 되지 않는다.

피해자도 사람이고 이 세상 모든 사람이 순수하고 좋은 사람은 아니다. 또 완전히 나쁜 사람도 아니다. 그들은 범죄 소설이나 영화 속 가상의 인물이 아니라 우리의 아이, 부모, 형제자매, 애인이나 친구와 같은 매우 평범한 존재다. 다만 사람들은 그들이 선택한 생활 방식이나 상태를 이유로 관심받을 가치가 없다고 생각하거나 적당한 관심만 줘도 된다고 생각한다. 만약 사람들이 그들을 미화하거나 비하하여 그들에게 도덕적인 낙인을 찍는다면 그들의 진짜 모습을 알 수 없고 완전한 범죄 프로파일링을 할 수 없다.

범죄 프로파일링 전문가라면 개인적인 감정과 생각을 잘 통제해야 성공한다. 이유는 간단하다. '프로파일링'을 할 때 너무 많은 감정과 생각을 녹이면 범인의 것이 아닌 자신의 심리와 성격이 반영되기 때문이다. 결국 현장이 살인범이 만든 것인지 전문가 자신이 만든 것인지 혼란스러워진다.

정리해 보자. 어떤 사람이 피해자가 되는가?

첫째, 범죄자는 목적을 쉽게 달성할 수 있는가를 판단한다.

깊은 밤 인적이 드문 곳에 여성이 혼자 길을 걷고 있는 상황과 여성 뒤로 건장한 남성 여러 명이 있는 상황에서 앞의 경우가 훨씬 목적을 달성하기 쉽다. 이는 '피해 위험'과 직결된다.

둘째, 장소와 관련 있다.

피해자의 활동 범위가 범인의 활동 범위와 겹친다. 게다가 그 교차점은 분명 범인이 '편안함'을 느끼는 곳이다. 이는 범인이 어떤 곳에서 범행을 저지를지 선택하는 것과 관련 있다.

셋째, 관계

어떤 범인은 자신과 피해자의 특수한 관계를 이용해 상대방의 경계심을 낮추고 범죄를 저지른다. 이러한 특수한 관계는 배우자, 부모, 가족, 동료, 친구, 룸메이트, 의사, 교사 등이 포함된다.

넷째, 환상의 기준

범인과 피해자가 아무런 관계가 없는 사건도 있다. 그러면 범인은 왜 그 사람을 선택했을까?

실제로 피해자에게는 범인이 어떠한 환상을 충족할 수 있는 특징이 있다. 예를 들어 연쇄살인범은 성별, 피부색, 나이대, 키, 가슴 크기, 내향성과 외향성 등 신체적 특징이나 개성에 따라 피해자를 선택한다.

범죄 현장을 보면
범인이 보인다

Where - 어디에서 저질렀는가?

작은 상점을 꾸리고 싶다면 가장 먼저 적합한 장소를 물색해야 한다. 작은 사업도 이러한데 살인범이 사건 장소를 선택할 때는 더욱이 신중할 것이다. 격정 범죄Crime of passion를 제외하고 살인범, 특히 연쇄살인범은 범행 장소를 신중하고 반복적으로 가늠해 보며 선택한다. 그러면 살인범은 왜 그 장소를 선택할까?

우선 범죄의 노선부터 알아야 한다. 한 가지 알아야 할 사실이 있다. 인간은 무슨 일을 하든 '최소 노력의 원칙'을 따르려는 본능이 있다. 사람들은 여러 방법으로 완성할 수 있는 일이 있다면 당연히 생각과 노력을 가장 적게 쓰면서 가장 쉽게 성공할 수 있는 방법을 이용한다. 살인자가 범죄 노선을 선택할 때도 더 쉽게 목적을 달성할 수 있는 길을 선택한다. 그러면 그들은 어느 노선이 가장 쉽다고 느낄까? 심리학 개념인 '심리 지도Psychological map'를 인용해 보자.

현실에는 자신의 모습, 도로, 지역, 건축물, 강 등이 있다. 하지만 마음속 세계는 그런 모습이 아닐 수도 있다. 왜일까?

첫째, 벌새나 다른 동물은 가봤던 곳을 세부적으로 기억할 수 있다. 그래야 돌아갈 길을 알기 때문이다. 하지만 인간은 다르다. 우리는 가봤던 곳의 풍경을 '아, 그쪽은 대략 XX 모습이었어.'라며 머릿속에서 요약하고 종합한다. 그래서 우리는 내비게이션이 필요하다.

둘째, 인간은 장소에 많은 감정과 인지를 추가한다. 예를 들어 우리는 흔히 '그곳은 느낌이 아주 좋았어.' 또는 '괴로울 때는 바닷가를 거닐어.'라며 감정을 섞어 말한다.

그래서 심리 지도는 진짜 세계에 개인의 인지를 더한 것이다. 주관적인 요소가 섞이면 노선의 선택에 영향을 줄 수밖에 없다.

1. 노선의 익숙한 정도

2. 노선에 대한 선호도

3. 중간에 만날 장애물의 수량과 유형

4. 실제 거리

5. 전체 노선의 매력

악은 어떻게 탄생하는가

살인범은 그들이 가장 익숙하고 빠르며 편안한 곳을 범죄 노선으로 선택한다. 그래야 일을 마무리한 후 쉽게 빠져나갈 수 있으니 안심하고 과감하게 범죄를 저지른다.

그렇다면 범죄자는 자신이 선택한 범죄 노선의 각 지점에서 원하는 바를 달성할 수 있을까?

당연히 아니다. 토끼는 토끼굴 근처의 풀은 먹지 않는다. 살인범도 '둥지'와 가까울수록 범죄를 저지르는 횟수가 적다. '둥지' 근처에서 범죄를 저질렀다가 체포될 확률이 크다고 생각하기 때문이다. 그래서 살인범의 '둥지'를 중심으로 주변에 '완충 구역'이 형성된다. 완충 구역에서 살인범은 누군가 자신의 은신처까지 추격할까 봐 쉽게 범죄를 저지르지 못한다. 그들도 기회의 최대화와 위험의 최소화 사이의 균형을 고려한다.

이 '둥지'는 우리 모두의 생활 공간에서의 '귀속점'이다. 귀속점은 각자에게 매우 중요하고 자주 드나드는 곳이다. 대부분의 사람들은 귀속점이 자신의 집이다. 일부는 일하는 공간이다. 또 여러 귀속점을 갖는 사람도 있다.

이렇게 말하는 사람이 있다.

"살인범은 대개 정해진 거주지가 없고 여기저기 유랑하거나 갈 곳이 없지 않나요? 그들에게도 귀속점이 있나요?"

살인범도 사람이다. 우리와 마찬가지로 현실에서 먹고 마시고 잠을 자며 여러 사회적 조건의 제약을 받는다. 물건을 사러 가면 살인범도 가장 편리한 곳을 찾는다. 그러므로 그들에게도 귀속점이 있다. 다만 어떤 사람들은 귀속점이 자주 변한다. 그러나 이것이 귀속점에서 그들의 종적을 포착하는 데 방해가 되지는 않는다. 그들이 자주 바뀌는 '귀속점'에 갈 확률은 다른 곳에 갈 확률보다 높기 때문이다.

마지막으로 범행 장소에 대해 더 이야기해 보자.

범행 장소와 시신이 발견되는 곳(시신 유기 장소)이 항상 같은 것은 아니다. 그렇다면 어떻게 범행 장소를 파악할까? 이 문제에 대한 답을 알려면 앞서 언급한 '최소 노력 원칙'을 참고해야 한다. 인간은 시신 유기와 같은 '큰일'을 할 때도 '게으름'을 버리지 못한다. 간단히 말해서, 버려 봤자 먼 곳에 버리지 못한다. 시신을 살인 장소에서 유기 장소로 옮기는 데 보통 50미터를 넘지 못한다. 차가 있다면 50미터 이상으로 늘어나겠지만 이 역시 수사와 체포에 편의를 제공한다. 도로망을 따라 추적할 수 있고 자동차도 증거가 되기 때문이다.

살인범은 피해자 시신을 운송하는 과정에서 시간, 거리, 속도, 힘의 영향을 받는다. 시신을 옮기는 속도는 다음과 같다.

- 가기 쉬운 길 - 시간당 5킬로미터

- 시신을 끌고 가기 쉬운 길 - 시간당 3킬로미터

- 도로가 험하거나 큰 자갈이 많거나 눈이 수북이 쌓이거나 빽빽한 숲을 지나야 할 때 - 시간당 1킬로미터

- 오르막길을 만났을 때 - 500미터마다 1시간 추가

- 구덩이를 만났을 때 - 1킬로미터마다 1시간 추가

- 연속 5시간 진행했을 때 - 피로로 인해 1시간 추가

속도, 시신 유기 장소를 파악하고 피해자의 사망 시간 등의 요소를 근거로 대체적인 범행 장소를 추측할 수 있다.

재미있는 점은, 여기에서도 토끼는 굴 근처의 풀은 먹지 않는다는 원칙이 적용된다는 것이다. 살인 장소와 시신 유기의 장소가 다르다면 살인범은 보통 피해자가 공격받은 지역에 거주한다. 반대로 피해자의 시신이 살인 현장에 남아 있다면 살인범은 현지인이 아닐 수 있다. 시신이 숨겨져 있다면 살인범의 귀속점이 고정된 사람일 가능성이 크다. 시신이 대낮에 노출되어 있다면 살인범이 일시적으로 거주하는 사람이거나 경찰이 피해자를 발견하는 것에 관심이 없다는 것을 암시한다.

범행 노선, '완충 지역', 범행 장소를 파악하면 살인범의 활동 범위와 규칙을 유추하여 그들의 은신처를 순조롭게 찾을 수 있다.

제4장 악마의 작품을 프로파일링하다

유명한 '요크셔의 리퍼 사건'을 해결할 때도 이 기술을 이용했다. 영국 요크셔의 리퍼는 1888년 연쇄살인마 '잭 더 리퍼Jack The Ripper' 이후 영국 여성(매춘부를 포함한 일반 여성)에게 극도의 공포감을 불어넣은 연쇄살인마다. 그는 거리에서 호객 행위를 하는 매춘부(또는 자신이 매춘부라고 여기는 여성)를 목표 대상으로 삼고 유객으로 위장하여 그녀들을 찾아갔다. 그러고는 조용한 곳으로 유인해 둥근 쇠망치, 드라이버 등 공구를 이용해 그녀들을 살해하고 시신을 훼손했다.

요크셔 리퍼는 총 13명의 여성을 살해했다. 경찰은 이 13명의 피해자가 살해당한 지점을 지도에 직선으로 연결했다.

"이 선을 연장하면 어디에 열네 번째 선을 그려야 가장 빠르고, 가장 짧을까?"

그들은 요크셔 리퍼의 귀속점을 찾으려 한 것이다.

경찰은 컴퓨터를 이용해 열네 번째 선이 놓일 위치를 분석했다. 이후 확인 결과 요크셔 리퍼가 체포된 그의 은신처와 유추했던 귀속점이 일치했다.

What – 살인자는 무엇을 했을까?

필적을 감정하면 신분을 확인할 수 있다. 사람마다 심리와 특징

악은 어떻게 탄생하는가

을 반영하여 필적이 제각각이기 때문이다. 범죄 현장에서도 살인범은 자신의 '필적'인 범죄 시그니처를 남긴다.

범죄 시그니처란 뭘까?

사람은 다양하다. 살인자도 마찬가지다. 그들은 다양한 경력, 취미, 욕구가 있다. 그래서 비슷한 환경 또는 같은 유형의 사건이라도 살인자마다 한 행동과 남긴 흔적은 다 다르다. 범죄 시그니처는 살인자 고유의 행위와 흔적으로 개인이 한 서명처럼 유일무이하고 안정적이며 변하지 않는다.

모든 범죄 시그니처는 살인자가 범행을 저지를 때 충족해야 하는 감정과 심리적 욕구를 대변하고, 살인자의 잠재적인 인격, 생활 경력 등을 반영한다. 영화 〈양들의 침묵〉에서 살인자는 모든 피해자의 목구멍에 검은색 나방을 놓았다. 이 살인자는 의상도착증 환자로 성별을 혼란스러워한다. 그는 남성성을 버리고 여성이 되고 싶지만 이룰 수 없기에 괴로워했다. 그래서 자신을 위해 여인의 피부를 벗기고 하나로 봉합해 가죽 코트를 만들었다. 검은 나방은 그의 마음속 갈망인 허물 벗기와 '고치를 깨고 나비가 되고 싶은' 충동을 대변한다. 다음은 몇 가지 실제 사례다.

십 대 소년과 소녀의 시신이 유기됐다. 현장은 인적이 드문 외진 곳으로 그들은 강제로 옷이 벗겨진 상태였다. 소년은 총에 맞아 죽었고, 소녀는 강간당한 후 총에 맞아 죽었다. 그들의 시신은 소녀가 소년에게 구강성교를 해주는 형태로 방치되었다. 또 다른 증거에 의하면 살인자가 소녀가 사망한 후 항문 성교를 한 흔적이 있었다. 범인이 피해자의 시신 형태를 그런 자세로 만든 것은 일종의 증표를 남기려는 의도였다. 목적은 사람들이 시신을 발견했을 때 그들의 품행을 비난하고 그들의 명예를 훼손하기 위해서였다.

범인이 피해자의 시신을 처리하는 방식을 보면 그(그녀)와 피해자의 관계를 알 수 있다. 시신이 옷을 온전하게 입고 있거나 발견하기 쉬운 곳에 방치되어 있다면 범인이 피해자에게 '호의'가 있었다고 생각할 수 있다. 어쩌면 범인에게 종교적 배경이 있고 피해자 또는 사회에 뚜렷한 증오심이 없다는 의미일 수도 있다.

만약 시신이 거친 들판이나 황야에 누구나 보기 쉽게 유기되어 있다면 범인이 피해자에게 어떤 감정도 없다는 것을 설명한다. 일단 자신의 욕망을 채우기만 하면 시신을 아무 데나 내던지고 갈 길을 간다. 시신이 토막 나서 공공장소에 버려져 있으면 범인이 대중 또는 다음 목표 대상의 공포심을 조장하려는 목적이 있다.

여성의 머리와 몸통이 토막 나서 여러 개의 가방에 담겨 강에 버려졌다. 채집한 증거를 관찰한 결과, 범인은 시신을 토막 낼 때 매우 예리한 도구를 사용했고 수법도 정교했다. 그는 피해자의 얼굴 피부 전체를 세심하게 벗겨 냈는데 근육은 전혀 다치지 않았다. 이렇게 하려면 인내심을 가지고 에너지를 쏟아부어야 하며 위험 비용도 감수해야 한다. 범인의 이러한 행동은 피해자의 신분을 식별하지 못하도록 하여 수사를 방해하기 위해서가 아니라 자신의 만족을 위해서다.

누구나 한 번쯤 고기를 잘라 본 경험이 있다. 고기를 자를 때는 손을 다칠까 봐 온 정신을 집중한다. 그렇게 몇 근만 잘라도 피로가 몰려온다. 그러면 어떻게 50킬로그램이 넘는 시신을 정신력을 집중해서 얇고 고르게 자를까? 그 과정을 즐기기 때문에 가능한 일이다. 범인은 고기를 자르는 과정에서 욕구를 충족하고 스트레스를 해소한다. 이 범인은 분명 보듬어야 할 심리적 상처가 있거나, 발산해야 할 심리적 에너지가 있거나, 아니면 과거를 위해 보상받아야 하는 상황이 있었을 것이다.

25세 젊은 여성이 슈퍼마켓에서 물건을 사고 집으로 돌아가는 길에 성폭행을 당했다. 범인은 그녀를 폭행한 후 금품을 약탈하고 얼굴에 중상을 입히고 목을 졸라 죽였다. 얼마 후 또 다른 34

세 여성이 길에서 성폭행을 당한 후 안면에 심각한 부상을 입고 목이 졸려 죽임을 당했다.

범죄 프로파일러는 두 사건을 연구하면서 한 사람의 소행이라고 결론짓고 사건을 병합해 처리했다. 이 두 사건에서 범인이 동일한 범죄 시그니처를 남겼기 때문이다. 범인은 아래턱과 왼쪽 유방 측면을 물고 얼굴을 가격한 뒤 정면에서 손으로 피해자의 목을 졸랐다.

범인은 피해자에게 상해를 입히기 위해서가 아니라 성적으로 점유하기 위해 이런 방식으로 공격했다는 결론이 나왔다. 성행위는 잠재적인 감정 결핍을 보상하는 수단이며, 이로써 자신의 우위, 힘, 통제력, 권위, 신분과 능력을 드러내고자 했다. 그의 목표는 성적 정복이고, 그 목표를 달성하기 위해 폭력 수단을 쓸 수밖에 없었다.

'범죄 시그니처'는 행위뿐 아니라 언어로도 표현된다. 물론 이는 피해자가 아직 살아 있을 때의 이야기다.

한 범죄자가 피해자를 인적이 드문 곳의 창고로 끌고 갔다. 그는 도구를 이용해 그녀를 괴롭혔고 고함을 지르며 그녀의 비명을 들었다. 몇 시간 동안 피해자를 어루만지다가도 호통을 쳤다.

나중에 피해자는 전체 폭행 과정에서 범죄자가 한 말을 기억했다. 그중 '시그니처'로 여길 만한 말은 다음과 같다.

"바지 벗어!"

"바지는 입으면 안 돼!"

"벗어, 벗어, 어서 벗어!"

"바지를 벗어!"

"그 망할 신발을 벗어!"

"벗어, 벗어!"

"꿇어, 손을 뒤통수에 두고 가슴을 흔들어 봐!"

"엉덩이를 흔들어, 움직이는 엉덩이를 봐야겠어!"

사건 현장에서는 정태적이고 언어로 표현되는 '범죄 시그니처' 외에 동태적인 '범죄 시그니처'도 있다. 바로 살인자들이 피해자를 찾는 방식이다. 포획자, 밀렵꾼, 기회포착자, 덫 사냥꾼, 총 네 가지로 정리할 수 있다.

• **포획자**: 그들의 거주지(귀속점)를 중심으로 적절하다고 생각하는 지역에서 포획 목표인 피해자를 찾는다. 이는 연쇄살인범이 자주 사용하는 방식이기도 하다. 세 명의 유아동을 살해한 연쇄살인범 애런이 바로 이러한 유형이다. 그는 일기에 '지금 나는 이미 다

음 날의 사냥을 위한 준비를 마쳤다. 오전 10시부터 작업을 시작할 계획이다. 밖에서 점심을 먹으면 정오에 집으로 돌아올 필요가 없다.'고 썼다.

포획자는 보통 피해자가 거주하는 도시에서 범행을 저지르기 때문에 한 지점에서 목적을 달성하고 나면 체포될 가능성을 고려해 그곳에 당분간 접근하지 않는다. 애런도 마찬가지였다. 그는 포획 목표가 있던 공원에서 아동 한 명을 죽인 후 2~3개월 동안 그곳을 밟지 않았다.

• **밀렵꾼**: 보통 다른 도시나 자신의 '귀속점'으로부터 멀리 떨어진 곳에서 범행을 저지른다. 그들은 사방으로 돌아다니는 유형이라 활동 규칙을 파악하기가 어렵다. 교묘하게 자신의 '둥지'를 보호하는 이들은 꼭 이렇게 말하는 듯하다.

"나를 절대 잡지 못할걸!"

• **기회포착자**: 삶의 인연을 중시하고 인연에 따라 행동하는 사람들이다. 이들에겐 '운명이 있다고 하면 결국엔 갖게 되고, 운명이 없다고 하면 아무리 원해도 갖지 못한다.'는 신념이 있다. 그래서 일부러 목표를 찾지 않는다. 그보다는 생활하다가 우연히 목표물을 만나고 행동으로 옮긴다. 그들은 순리대로 행한다는 이념을 중

악은 어떻게 탄생하는가

요시하지만 행동하기 전에 이미 범죄의 절차와 과정을 계획하고 사냥감이 미끼를 물기를 기다린다.

• **덫 사냥꾼**: 자신의 직업을 이용해 피해자에게 접근한다. 예를 들어 범죄자가 간호사나 병원 근무자라면 피해자는 그들을 자발적으로 찾아간다. 이 유형의 범죄자는 계략을 꾸며 목표를 자신의 집으로 유인하거나 통제할 수 있는 곳으로 끌어들여 범행을 저지른다. 그들은 재미있게 놀자며 집으로 초대하거나, 사업을 의논하자고 하거나, 룸메이트를 구한다는 식으로 유인한다.

살인범 찰스 컬린은 병원의 남 간호사로 매우 유약해 보이지만 16년간의 간호사 생활을 하면서 믿기 어려운 잔인한 수법으로 40명 이상을 살해했다. 그가 당직을 설 때마다 환자가 기이하게 목숨을 잃어서 그가 있던 병원의 4층 동쪽 구역 병동은 사망의 병동으로 불렸다. 그 밖에 대부분의 여성 연쇄살인범이 이 유형에 속한다.

How - 범죄 현장의 재현

나는 미국 드라마 〈한니발〉에서 남자 주인공 FBI 프로파일러 윌 그레이엄이 살인 사건 현장에 도착한 후의 모습을 매우 좋아한다. 그는 주변을 둘러보고는 눈을 감고 또 다른 세계로 '진입'한다. 그

세계에서 그는 살인자 본인이고 살인자가 한 일을 한다. 눈을 뜨고 그 세계에서 돌아오면 범죄 현장을 재현할 수 있고 살인범이 살인할 때의 모든 과정을 파악한다. 그럴 수 있었던 것은 특별한 공감 능력이 있기 때문이다. 그는 범죄 현장의 단서를 근거로 살인범의 생각 속으로 들어가고, 살인범의 입장에서 생각하며, 범죄의 과정을 그대로 따라 한다.

현실에서 수사 요원에게 그런 능력이 있을까? 없다고 하면 너무 절대적이고 상황은 비슷하지만 효과가 강력하거나 극적이지 않다고 말할 수밖에 없다. 눈만 감는다고 범죄 현장의 비밀을 저절로 파헤칠 수 있는 것이 아니라 혈흔, 자국, 먼지 등 실질적인 증거를 토대로 추론해야 한다.

• 혈흔은 말을 한다

범죄 현장에서 혈흔이 발견되면 그것의 크기, 형상, 분포를 분석해야 한다. 혈흔의 크기는 혈흔이 떨어진 건지, 날아간 건지, 뿜어진 건지 등 어떻게 형성되었는지 알려 준다.

혈흔의 형상은 혈액이 떨어질 때의 각도를 설명한다. 각도가 작을수록 혈흔 형태는 길어진다. 게다가 피해자가 수평 방향에서 움직이는 속도가 빠를수록 혈흔의 형상이 길어지고, 혈흔 간의 거리 역시 넓어진다. 구체적인 사례를 보자.

한 부부의 시신이 그들의 집 지하실에서 발견되었다. 바닥에는 혈액이 떨어진 흔적, 닦인 흔적, 중간 속도로 분출된 혈흔과 낭자한 핏자국이 있었다.

경찰은 혈액의 흔적을 연구해 범죄 현장을 분석했다.

부부의 입양된 아들이 문을 부수고 들어와서 먼저 아버지를 도끼로 때려 죽었다. 그는 아버지의 시신을 잘 보이지 않는 구석으로 끌고 가서 침대 시트로 덮었다. 그런 후에 숨어서 어머니가 지하실로 들어오길 기다렸다. 그리고 또 도끼로 어머니를 베어 죽이고는 그녀를 지하실에서 꺼냈다. 어머니의 피는 아버지의 혈액이 끌린 흔적 위에 떨어졌다.

혈액이 알려 주는 정보는 이뿐만이 아니다. 혈흔을 모두 깨끗이 닦아 내면 아무도 모르지 않을까? 하지만 루미놀 반응을 이용한 화학발광검사법으로 흔적을 알 수 있다. 이와 관련된 사건이 있다.

한 젊은 여자가 뜨거운 여름날 소리 소문도 없이 실종됐다. 그녀는 평소 부모, 형제와 자주 연락하는 사이였는데 갑자기 하루가 넘도록 연락이 닿지 않았다. 가족들이 집으로 수차례 전화를 걸었지만 매번 그녀의 남편이 전화를 받았고 남편은 얼버무리며 말했다.

"아, 지금 물건 사러 나갔어요."

"지금 xx의 집에 갔어요."

결국 친척들이 계속해서 물어보자 그가 대답했다.

"저도 어디에 간 건지 모르겠어요."

며칠 후 경찰이 개입했다. 용의자는 그녀의 남편이었다. 아내가 실종된 후 얼마 지나지 않아 그녀의 은행 계좌에서 거액을 인출했기 때문이다. 문제는 아내가 살아 있다면 만날 수 있을 테고, 죽었다면 시신을 찾아야 할 텐데 도대체 어디에 있는지 알 수 없었다. 경찰이 사방으로 찾아 헤매고 정원에 매장된 것은 아닌가 싶어서 정원까지 다 파보았지만 아무런 소득이 없었다.

나중에 경찰은 그녀의 가족을 그녀가 살던 집으로 데려와서 물었다.

"이곳에 없어진 물건이 있습니까?"

가족들은 지하실의 소파 침대가 사라졌다고 했다. 그녀는 더운 여름이면 소파 침대에서 더위를 식히곤 했는데 그 침대가 보이지 않는다는 것이었다.

경찰은 소파 침대가 놓여 있던 자리에 루미놀을 뿌리고 불을 껐다. 그러자 벽에 형광색이 드러났고 소파 침대 등받이의 윤곽도 나타났다. 그뿐만 아니라 바닥에도 형광색이 나타나고 소파 침대가 놓여 있을 때 남겨진 윤곽을 드러냈다. 이는 무엇을 알려

줄까? 소파 침대가 있던 위치 외에 다른 곳에 혈액이 있었다는 뜻이다. 당시 소파 침대는 펼쳐져 있었고, 그 위에 앉아 있던 사람은 공격을 받을 때 혈액이 사방으로 사출됐다. 소파 침대로 인해 벽과 바닥의 일부에 피가 튀는 것을 막았지만 다른 곳은 선혈이 튀었다.

그 외에 형광색을 보이는 반점들이 지하실의 화장실까지 이어지고, 또 계단까지 이어졌다. 현장은 이미 많은 것을 말해 주고 있었다. 경찰은 화장실을 수색하기 시작했다. 하수도관의 뚜껑을 열었더니 그 안에 젖은 인체 조직이 여럿 있었다.

피해자의 남편은 소파 침대를 고물상에 팔았다고 했다. 경찰이 곧 고물상을 찾았지만 소파 침대는 찾지 못했다. 고물상은 그 소파가 보기보다 무거웠다고 진술했다. 그 안에 많은 것들이 담겨 있었던 것이다.

현장 상황을 토대로 추리해 보면, 피해자의 남편은 소파 침대에서 아내를 살해하고 욕조에서 그녀의 시신을 토막 냈다. 그러고는 시신 토막을 소파 침대에 넣고 밧줄로 묶은 다음 고물상이 소파를 버리도록 했다.

수사 결과, 사건의 실제 경과와 현장 혈흔이 알려 준 정보는 완전히 일치했다.

• 흔적도 말을 한다

사람들은 발자국이 지문만큼 중요하다는 사실을 잘 모른다. 심지어 발자국이 지문보다 중요한 역할을 할 때도 있다. 오늘날 범인들은 장갑을 끼고 범행을 저질러 지문을 발견하기 어렵기 때문이다.

발자국의 중요성에 의문을 품는 사람도 있다.

"같은 종류의 신발이면 신발 밑바닥이 모두 같지 않나요? 구분하기 어려울 것 같은데요."

하지만 신발 밑바닥을 자세히 관찰해 보면 신발 고유의 무늬 외에 독특하고 불규칙한 흔적, 긁힌 자국, 틈도 많이 발견할 수 있다. 사람마다 보폭, 체중, 걷는 자세가 다르기 때문에 각자의 흔적을 남긴다. 500명이 같은 신발을 신더라도 그중 한 쌍의 신발을 구분할 수 있다.

타이어 자국도 발자국처럼 중요하다. 타이어 자국을 분석하는 일은 기술적 난도가 높은데, 타이어가 어떻게 조립되는지, 마찰이 어떻게 일어나는지 등 많은 것을 이해해야 입문의 경지에 도달했다고 할 수 있다.

타이어 자국은 차종 등 많은 정보를 제공한다. 어떤 타이어는 특정 자동차 고유의 것이고, 어떤 타이어는 신차가 출고될 때부터 탑재된다. 이렇게 단서를 하나하나 따라가다 보면, 타이어 자국으로 타이어를 찾고, 타이어를 추적하여 자동차 제조사를 찾고 또 제조사를 통해 더 많은 정보를 확보할 수 있다.

이와 관련된 사례를 보자.

한 여성이 있었다. 그녀의 전 남자친구는 그녀와 그녀의 현재 남자친구를 차에 태워서 공원에 데려간 후 남자친구를 총으로 살해했다. 그는 그녀를 데려다주면서 이 일을 아무에게도 알리지 말고 자신과 관계를 유지하라고 협박했다. 그 사람은 타이어 흔적에 관한 지식이 조금 있었던 것 같다. 차는 친구의 것이었지만 경찰이 시신을 발견한 후 타이어 자국으로 자신을 추적할까 봐 걱정했다.

그는 차량의 타이어를 칼로 찢은 후에 친구에게 말했다.

"네 차 타이어 바람 다 빠지더라, 얼른 바꿔야겠어."

그런 후에 그는 타이어 가게에서 친구의 신용카드로 새 타이어 네 개를 샀다. 하지만 이 사람은 너무 인색했다. 타이어 가게가 옛 타이어를 폐기하려면 50달러를 지불해야 한다고 하자 돈을 낼 생각이 없었던 그는 타이어를 자신의 집 정원 근처에 보관했다. 며칠 후, 경찰이 그를 찾아 범행에 썼던 차의 타이어를 살폈지만 현장의 흔적과 맞지 않았다. 하지만 결국 찢어진 타이어를 찾아내서 비교했더니 흔적이 완전히 맞아떨어졌다.

• 먼지도 말을 한다

우리 주변에는 항상 먼지가 있다. 먼지는 우리가 어디를 갔는지 어떤 물건과 접촉했는지 무슨 일을 했는지 알려 준다. 사람마다 각기 다른 먼지가 몸에 묻어 있다. 교사는 몸에서 분필 가루가 떨어진다. 전기 용접공은 몸에서 미세한 금속 가루가 떨어진다.

만약 지금 이 책을 내려놓고 범죄를 저지르러 간다면 몸에서 현미경으로나 볼 수 있는 펄프와 잉크 분말이 있을 것이다. 어쩌면 앉아 있는 의자의 섬유질이나 나뭇가루가 있을지도 모르겠다. 또 범죄 현장으로 가는 길에 접촉한 물질이 묻을 수도 있다. 숲을 지난다면 식물의 포자가 몸에 묻는다. 현장에서 접촉한 모든 물건이 내게 묻어 나만의 미세한 먼지가 된다. 또한 현장의 미세한 입자가 내 몸에 묻어 내가 간 모든 곳에 흔적을 남긴다. 현장에 DNA, 지문, 체액을 남기지 않았더라도, 이러한 미량의 흔적 역시 반박할 수 없는 범죄 행위의 증거가 된다. 다음은 가장 흔히 볼 수 있는 섬유질에 관한 두 가지 사례다.

한 여성이 한동안 실종됐다. 경찰은 그녀가 이미 그녀의 남편에 의해 살해당한 것은 아닌지 의심했다. 그들의 아들이 살해 광경을 목격했을 수도 있지만 소년은 어떠한 정보도 말하려 하지 않았다.

이후 경찰은 얕은 묘지에서 여성의 시신을 찾았다. 시신은 이미 상당히 부패가 진행되어서 피부와 내장의 상처를 식별하기 어려웠다. 수사 요원은 그녀의 사인을 판단할 수 없어서 그녀의 옷을 흔적 분석팀에 보냈다. 분석 요원은 현미경으로 옷의 터진 부분을 관찰하며 옷이 갈라진 것인지 찢어진 것인지 살펴봤다. 분석 결과 그녀의 복부와 흉부 쪽의 두 구멍은 칼에 찔려서 난 것이었다.

검시관은 결과를 보고 칼에 찔린 두 상처가 뼈까지 흔적을 남기지는 않았지만 치명적인 부위를 찔렸다고 밝혔다. 바로 그때, 소년이 경찰에게 아버지가 어머니를 찔러 죽였다고 말했다. 옷의 절개된 부위는 소년의 진술과 완전히 일치했고 범인은 유죄를 인정했다.

한 여성의 나체 시신이 길가에서 발견됐다. 경찰은 그녀의 음부에서 섬유 한 가닥을 찾아냈고, 그것이 현장에서 찾은 유일한 증거였다.

섬유 가닥은 녹갈색의 인조 섬유였다. 흔적 분석팀의 분석 요원은 이를 직경 45미크론의 카펫 섬유라고 판단했다. 한편 그 지역에서는 인조 섬유로 카펫을 짜는 곳이 많지 않았다.

경찰은 업계 관계자를 탐문해 1973년 이전에 GM 자동차의 한 모델에 인조 섬유와 나일론으로 짠 카펫을 사용했다는 사실을 알아냈다. 분석 요원은 GM 자동차에 전화를 걸어 그 카펫이 1972년 이전에 생산된 모종의 차량에만 사용했다는 사실을 확인했다.

이어서 분석 요원이 수사관에게 전화를 걸었다.

"용의자가 있습니까?"

"지금 두 사람을 조사하고 있습니다."

"둘 다 구형 자동차를 소유했습니까?"

"한 명은 구형 자동차입니다. 그건 왜죠?"

"그 차가 1972년 이전에 생산된 겁니까?"

"맞습니다."

"차 내부가 녹갈색입니까?"

"맞아요, 어떻게 알았죠?"

분석 요원은 그 차에서 샘플을 채취했다. 샘플은 현장에서 발견된 섬유소와 완벽하게 일치했다. 또 경찰은 사건 발생 지역 주변의 차량 관리 기관에 기록을 조회하여 종류, 모델, 등록 날짜가 맞아떨어지는 8대를 찾았다. 이 정보를 기반으로 범죄 용의자와 대질 심문을 하자 결국 용의자는 자백했다. 자백에 따르면 피해자의 자동차에 문제가 생겨 그가 다가가 도움을 준 다음 피해자를 자신의 차로 데려가 그녀를 성폭행한 후 살해했고 시신을 길가에 버렸다.

　지금까지 범죄 현장에 관한 구성 요소에 대해 생각해 봤다. 이제 전반적인 분석을 해야 하지 않을까?

제4장 악마의 작품을 프로파일링하다

프로파일링으로
범인의 윤곽을 그린다

연쇄살인 사건의 한 시신 유기 현장을 프로파일링해 보자. 이를 위해 알아야 할 것이 있다.

• When: 언제 죽었는가?

시반과 부패 정도 및 구더기의 발육 단계에 따라 사망 시간을 2~3일 전으로 추측할 수 있다.

• Why: 자살인가, 타살인가? 만약 타살이라면 사인은 무엇인가?

시신이 매우 심각하게 훼손됐다. 그녀의 머리와 왼쪽 팔은 거의 절단된 상태고 유방과 코가 베였다. 대퇴부와 앞턱의 피부가 벗겨졌고 내장은 적출되었는데 신체 기관이 옆 바닥에 쌓여 있었다. 그래서 이는 자살이 아니다(자살이라고 하기엔 난도가 너무 높다.)

검시 결과 그녀의 직접적인 사인은 두부를 가격한 치명상이었다.

· **Who: 피해자의 신분 조사**

성명: 메라 케일리

성별: 여성

연령: 27세

신장: 160센티미터

체중: 50킬로그램

두발: 갈색

직업: 구직 중

대인 관계: 메리는 사망하기 얼마 전에 이혼했다. 그녀의 남편이 가정폭력을 행사했기 때문이다. 사망하기 얼마 전까지 두 사람은 연락을 해왔다. 그녀를 아는 사람들은 그녀가 또 다른 사회적 교류가 있는지 잘 알지 못했다.

사회 경력: 모두 메리가 귀엽고, 겸손하며, 입담이 좋은 여성이라고 기억했다. 그녀는 최근 두 살짜리 아들과 더 많은 시간을 보내기 위해 간호사로 일하던 병원을 그만두었다. 이후 그녀는 편의점에서 일했는데 동료들은 그녀에게 좋은 인상을 받았다.

가정 상황: 알 수 없다.

기존 병력 및 정신병력: 없다.

생활 방식과 피살 위험: 메리의 생활 방식은 정상적이고 건강했다. 옷차림이 소박하고 행동도 얌전해서 위험에 빠질 확률도 낮았다. 남자친구는 없었고 약을 남용하지 않았으며 술도 거의 마시지 않았다. 물론 마약에도 손대지 않았다. 그녀의 피살 위험을 높이는 요소는 폭력을 행사하던 전남편과의 관계와 다른 사람을 너무 쉽게 믿는 태도였다.

• Where: 범죄 장소의 선택

메리는 시신이 발견된 장소에서 살해되고 유기되었다. 살해된 작은 숲은 황량해 보이지만 사실 도시의 중심에 있었고 주민들이 휴식하는 공간이었다. 한편 이 연쇄살인 사건에서 멀지 않은 곳에 몇몇 다른 사건의 현장이 있었다.

• What: 범죄 '시그니처'

번개처럼 빠른 공격과 강력한 학대 욕망을 기반으로 한 살인 수단을 이용했다. 범죄 현장에서 심각한 사이코패스 기질이 보였다. 성적 공격 흔적은 없다. 시신을 훼손하고 시신의 여러 장기를 절제했지만 사망 전 고문한 흔적은 없다.

어떠한 의식을 치른 흔적이 있다. 접근하기 쉬운 피해자를 선택했다. 모든 범죄는 주말의 새벽 시간대에 발생했다. 범인은 '포획자'에 속한다.

• How: 범죄 현장의 재현

범죄 현장의 발자국과 주변 나무, 풀밭 등의 흔적으로 추론하면 당시의 상황은 이렇다. 피해자가 길을 걷고 있는데 갑자기 길가 숲에서 튀어나온 범인이 뒤쪽에서 머리를 맹렬하게 공격했다. 그러고는 정신을 잃은 채 숲속으로 끌려갔다.

하지만 현장에서 범인의 지문, 혈흔, 머리카락 등이 발견되지 않았다. 이는 범인이 수사를 방해할 수 있는 능력이 있다는 것을 방증한다. 더 주목할 만한 점은 피해자의 두발은 갈색이지만 현장에서는 붉은색으로 물들어 있었다. 범인에게 특수한 욕구가 있었던 것이 아니라면 염색한 머리 역시 피해자의 신분을 은폐해 수사를 방해하려는 행위로 판단된다.

이 사건에서 범행 시간, 범죄 시그니처, 폭력의 잔인성은 하나의 결론을 뒷받침한다. 범인은 분노와 보복 욕구 때문에 범죄를 저질렀다. 그는 특정 개인이 아닌 공통된 특징을 지닌 어떠한 집단을 대상으로 범행을 저질렀다.

• 범인에 대한 프로파일링

이러한 정보를 종합하여 이 사건의 범인에 대한 프로파일링이 가능하다.

범인은 남성이고 나이는 28세~36세다(피해자가 부상을 입은 상황을 근거로 함).

인지 능력은 보통이고 아주 똑똑한 편은 아니다(범인의 반정찰 능력을 근거로 판단).

미혼이고 대인 관계, 특히 여성과의 관계에 어려움을 느낀다(피해자의 선택).

주로 밤에 활동하고 사람들과 대화를 많이 하지 않는다(피해자가 살해당한 시간).

주변 광경에 매우 익숙하다(범행 장소의 선택).

개인위생 관념이 부족하고 옷차림이 단정하지 않다(범죄 현장 상황).

인격이 완전하지 않고 자아정체감이 떨어지며 우울한 정서 반응이 있다(범죄 현장과 피해자의 상황).

성격이 조용하고 내향적이며 사회 관계 능력이 부족하다(범죄 현장 상황).

다음 특징에 대한 근거는 여러분이 직접 찾아보길 바란다.

악은 어떻게 탄생하는가

상대적으로 사회적 계층이 낮다(?)

집 근처에서 범행을 저질렀다(?)

눈에 잘 띄지 않는 직업에 종사하고 대중과 거의 접촉하지 않거나 접촉이 없다(?)

월요일부터 금요일까지 출근하며, 도살업자, 검시관 보조 또는 병원 직원일 가능성이 있다(?)

화목하지 않은 가정에서 태어났고 유년 시절 사랑을 많이 받지 못했으며 주변에 모범이 될 만한 어른이 없었다(?)

지배형 여성에게 양육됐고, 그녀의 성생활이 문란했으며, 그에게 신체나 성적인 학대가 있었다(?)

유년 시절 방화를 했거나 작은 동물을 학대했다(?)

여성에게 미움이나 협박을 받았거나 여성을 두려워했다(?)

분노를 이미 더 이상 억누를 수 없는 수준이다(?)

정신적인 착란과 성기능 장애가 있고 여성에 대한 보편적인 증오심이 있다(?)

권력, 통제, 지배를 갈망한다(?)

행동이 불규칙하다(?)

성적 동기 때문에 범죄를 저지르고 피해자의 여성성을 소거한다(?)

살인 전에 현지 술집에서 술을 마신다(?)

밤에 약탈하고 새벽에 거리를 돌아다니는 모습이 목격된다(?)

의학적 지식이나 외과 기술이 없다(?)

경찰에게 심문을 받은 적이 있다(?)

살인 후 죄책감을 느끼지 않고 생활에 변화도 없다(?)

　범인이 체포된 후에 범인의 실제 특징과 범죄 프로파일링 내용
이 꽤 일치한다는 점을 깨닫게 될 것이다.